소녀,
설치고 말하고 생각하라

그림을 그린 이다 작가는 그림일기와 일러스트, 미술 작품, 공예품 등을 통해 자신의 솔직한 일상과 생각들을 가감 없이 전하고 있습니다. 욕심이라면, 사는 동안 좋아하는 일을 하며 적당히 굶어 죽지 않게 살고 오랜 시간을 들여 예술가로 완성되길 바라는 것. 저서로는 『이다의 허접질』, 『무삭제판 이다 플레이』, 『이다의 작게 걷기』 등이 있습니다.

소녀, 설치고 말하고 생각하라

초판 1쇄 펴낸날 2017년 1월 16일
초판 4쇄 펴낸날 2018년 3월 22일

지은이 | 정희진 김고연주 박선영 김애라 윤이나 김홍미리
　　　　문미정 이유나 김주희 최은영 하정옥 장이정수
펴낸이 | 홍지연
펴낸곳 | 도서출판 우리학교

편집 | 김영숙 이혜재 김민정 소이언
일러스트 | 이다
디자인 | 김민경
마케팅 | 이선행
관리 | 김미영
인쇄 | 에스제이피앤비

등록 | 제313-2009-26호(2009년 1월 5일)
주소 | 03993 서울시 마포구 월드컵북로 6길 92 구성빌딩 2층
전화 | 02-6012-6094
팩스 | 02-6012-6092
전자우편 | woorischool@naver.com

ISBN 979-11-87050-22-3 43300

이 도서의 국립중앙도서관 출판예정도서목록(CIP)은 서지정보유통지원시스템 홈페이지
(http://seoji.nl.go.kr)와 국가자료공동목록시스템(http://www.nl.go.kr/kolisnet)에서 이용하
실 수 있습니다.(CIP제어번호: CIP2017000597)

소녀들을 위한 페미니즘 입문서

소녀,
설치고
말하고
생각하라

정희진
김고연주
박선영
김애라
윤이나
김홍미리
문미정
이유나
김주희
최은영
하정옥
장이정수

우리학교

차례

0. 프롤로그

왜 페미니즘일까?

: 정희진 :

어떤 의미에서 여성들 사이에 가장 큰 차이는 나이이다. 그런 점에서, 10대 페미니스트들이 직접 쓴 책도 만날 수 있기를 희망한다. 10대에는 페미니즘의 'f'자도 몰랐다. 그런 의미에서 이 시대 여성들이 부럽다. 여성학, 평화학 연구자이며 저서로 『아주 친밀한 폭력』, 『페미니즘의 도전』, 『정희진처럼 읽기』가 있다. 최근에 나온 『양성평등에 반대한다』의 편저자이며, 50여 권의 공저서가 있다. 300권이 넘는 책의 해제와 서평을 썼다. 책 읽기를 좋아하는 글쓰기 강사이기도 하다.

100명의 여성, 100가지 페미니즘

페미니즘, 우리말로는 여성주의라고 하지요. 이 페미니즘은 아주 다양합니다. 1인 가족, 자녀가 없는 가족, 삼대 이상이 모여 사는 대가족, 이성애 커플이 아닌 동성애자 가족 등 여러 가지 형태의 가족이 있듯이, 페미니즘 이론도 한 가지가 아닙니다. 그래서 최근 유엔 공식 기구나 인권 운동 진영에서는 가족(families)이나 페미니즘(feminism/s)을 복수형으로 표현하기도 합니다. 저는 100명의 여성이 있다면 100가지 페미니즘 이론이 있다고 생각합니다. 여성들의 처지가 모두 다르기 때문이지요.

우리 여성들은 단지 여성이라는 이유만으로 공통적인 손해를 보고, 피해를 받고, 차별을 당합니다. 하지만 한편으로는 나이, 계층(계급), 인종, 국적, 장애 여부, 지역, 성 정체성 등에 따라 그 경험이 다릅니다. 예를 들어, 미국의 백인 중산층 여성과 아프리카에서 물과 식량 부족에 시달리는 여성의 처지와 경험이 같을 수 없겠지요? 이런 여성들 사이의 차이 중에서 가장 두드러지는 것이 바로 나이입니다. 소녀, 젊은 여성, 나이 든 여성, 할머니···. 여성의 인생은 나이에 따라 크게 달라집니다. 물론 이것은 남성도 마찬가지지만, 남성은 여성에 비해 나이와 외모, 몸 상태의 영향을 덜 받습니다.

"제가 10대일 때는 여성주의에 관심이 없었어요"

제 나이는 지금 40대 후반입니다. 제 10대 시절을 생각해 보면, 아니 20대까지도 – 시대적 배경도 있겠지만 – 페미니즘에 전혀 관심이 없었습니다. 그때도 가정에서 큰딸로서 성차별(이중 노동)을 겪긴 했지만, 그것을 '딸과 누나로서의 도리'라고 생각했지 제가 여성이기 때문에 벌어지는 일이라고는 생각하지 못했어요. 그리고 차별을 받는다고 해도 개인의 능력이나 성실성으로 극복할 수 있다는 환상(망상)을 갖고 있었던 것 같습니다.

고등학교 졸업 후 남학생이 압도적으로 많은 남녀공학 대학교에 진학했습니다. 입학한 지 며칠 되지도 않은 3월 어느 날, 같은 과 남학생이 제게 점심을 같이 먹자고 하더군요. 저는 약간 들떴어요. 왜냐하면 서울 토박이로 태어나 한 지역에서 여중, 여고를 다녔기 때문에 처음으로 남학생과 단둘이 만나는 날이었기 때문이지요.

그런데 그 남학생이 대뜸 제게 이렇게 말했어요. "여자는 시집가면 되는데, 너는 왜 대학에 왔니? 너 같은 여자들 때문에 진짜 대학에 와야 할 내 친구가 지금 학원에서 재수를 하고 있어." 저는 너무 순진해서인지, 아니면 성차별을 상상조차 못해서인지 하나도 당황하지 않고 저의 현실을 있는 그대로, 심지어 미소까지 지으며 말했어요. "응, 나는 결혼하려고 대학에 온 게 아니라 수녀가 되려고 왔어. 우리 엄마 소원이 내가 수녀가 되는 거거든. 그런데 나는 장학금을 받고 들어왔고 너는 아니잖아? 나보다 공부도 못하는 애가 왜 돈 아깝게 서울까지 유학을 왔니? 하숙비 비싸잖아. 너희 동네에도 지하철 있어? 택시는 다녀?"

30여 년 전의 이 '웃긴' 대화는 많은 것을 함축하고 있습니다. 그 남학생은 성차별을, 저는 지역 차별을 했는데 둘 다 자기 행동의 의미를 몰랐으니까요. 그러나 문제는 요즘에는 "너희 동네에는 택시 다니니?"라는 말을 하는 사람은 드물지만, '남성은 생계 부양자이기 때문에 여성보다 취업에 우선권이 있어야 한다'는 성차별 의식은 여전하다는 데 있습니다. 여학생은 남학생보다 성적이 좋아도 취업 과정이나 취업 후 업무 배정, 승진, 임금 등에서 크게 차별받고 있습니다. 현재 우리나라의 남녀 임금 격차는 100:52~100:58 사이에서 큰 변동이 없습니다. 남성이 여성보다 두 배 정도 더 많은 임금을 받고 있는 것이지요.

참, 저는 수녀가 되지 않고 여성학 연구자가 되어 이렇게 여러분에게 말을 건네고 있습니다. 10대~20대까지도 관심이 없었던 페미니즘을 공부하게 된 까닭은, 우리 사회에서 여성으로 살아가는 것이 남성으로 살아가는 것보다 몇 곱절 더 힘들다는 것을 어른이 되어 가면서 알게 되었기 때문이랍니다.

페미니즘을 둘러싼 이해(利害)관계

여성이라는 사실이 삶에서 차지하는 영향력은 그때그때 다릅니다. 남성 중심 사회에서 여성은 대개 외모로 평가받습니다. 따라서 '젊고 예쁜 여성'은 일시적 우대를 받지만, '나이 들고 뚱뚱하고 못 생긴 여성'은 차별을 받거나 심지어 혐오의 대상이 되기도 합니다.

페미니즘이 도대체 어떤 사상이고, 성별이 무엇이기에 이렇게 서론이 긴 것일까요? 여러분도 알다시피, 인간이 가진 속성 중 하나는 생각하는 능력입니다(물론, 생각을 안 하는 사람도 많습니다). 그래서 언어, 문자, 지식, 정보, 예술 같은 수많은 '앎(knowledge)'을 생산해 왔습니다. 흔히 사회화, 혹은 교육이라고 하는 것은 우리가 속한 공동체의 '힘 있는 어른'들이 수많은 지식 중에서 바람직하다고 생각하는 내용을 가르치고, 다음 세대에 물려주는 과정입니다. 그러므로 다음 세대에 무엇을 가르칠 것인가를 두고 논란이 있을 수밖에 없지요.

우리나라 교과과정에는 환경 교육이나 건강 교육, 성교육, 정치의식 교육, 페미니즘 교육이 공식적으로 채택되지 않고 있습니다. 대학수학능력시험 과목도 아닙니다. 제가 보기엔 아주 중요한 과목인데 말이지요.

대부분의 성인 남성이나 남성 지식인들은 페미니즘을 싫어합니다. 저는 군사주의나 장애인 차별 교육(특수교육), 동성애자 혐오에 반대합니다. 왜일까요? 이것은 모든 지식이 중립적이지 않다는 증거입니다. 지식은 자신의 이해(利害)와 관련이 있습니다.

생각만 해도 가슴이 두근거리는 일이지만, 10대 여성들에게 페미니즘 의무교육을 시행한다고 생각해 보세요. 교육을 받은 후에 여성들의 삶은 변화할 것입니다. 여성들이 지금까지 대가도 없고, 때로 구박까지 받으며 당연히 해 왔던 설거지, 식사 준비, 빨래, 청소와 같은 가사 노동을 남성들이 한다고 생각해 보세요. 성폭력 피해자는 보호받고, 가해자는 엄벌에 처해진다고 생각해 보세요. 지금 국무회의(장관 회의)에 여성은 기껏해야 한두 명인데, 반대로 남자가 한 명이고 전부 여성이라고 생각해 보세요. 대학 교수의 80%가 여성이라고 생각해 보세요. 남성이 집안일에 아이까지 돌보는데도, 여성이 받는 월급의 반밖에 못 받는다고 생각해 보세요. 이런 세상을 환영하는 남성은 아무래도 드물지 않겠어요?

인간의 몸은 평등합니다

마르크스라는 이름을 들어 보았나요? 1800년대 독일의 정치경제학자 마르크스가 수립한 마르크스주의는 초기 자본주의 체계를 분석한, 인간의 노동에 대한 사상입니다. 그러나 안타깝게도 그 노동 개념에는 여성이 주로 하는 노동은 철저히 빠져 있습니다. 남성들이 공적(公的)인 영역에서 하는 노동만을 다룬 것이지요. 뿐만 아니라 인종 문제도 간과했습니다. "만국의 노동자여 단결하라."라고 외쳤지만, 그 노동자에는 여성과 흑인은 빠져 있습니다. 오히려 백인 남성 노동자는 같은 노동자인 여성과 흑인을 차별했습니다.

마르크스주의가 노동에 대한 사유라면, 페미니즘은 성별에 대한 관심에서 출발했습니다. 인간의 성별이 여자냐, 남자냐가 그

렇게 중요할까요? 성이 다르다는 사실이 거의 모든 여성이 수천
년 동안 가정 폭력이나 성폭력을 당하고, 월급의 반밖에 받지 못
할 이유가 될 수 있을까요?

병원에 입원한 환자들의 이름표에는 이름 외에도 'S(sex, 성
별)'과 'A(age, 나이)' 항목이 적혀 있습니다. S에는 F(female, 여성) 혹은
M(male, 남성)과 같이 성별을 기록하고, A에는 나이를 기록합니다.
성별과 나이는 환자의 상태를 판단하는 데 필요한 항목이니까요.
그 외에 성의 구별이 중요한 분야가 있을까요?

성별이 개인의 삶의 내용과 질을 크게 좌우하는 것은 당연히
바람직하지 않습니다. 인종차별 문제를 생각해 볼까요? 거의 모
든 국가에서 인종차별은 심각한 문제입니다. 특히 미국은 인종차
별 반대 운동도 활발하지만 인종차별의 역사가 뿌리 깊지요. 미국
에서 흑인 남성의 진로는 열일곱 살에 판가름 난다고 합니다. 마
약, 공권력에 의한 총상(총살), 감옥, 학교…. 피부색이 하얗지 않다
는 이유가 미래를 살아가는 데 이토록 결정적이라면 과연 그 사회
가 정상적이라고 할 수 있을까요?

여기서 중요한 것은, 남성이나 백인에게 성별과 피부색은 크
게 중요하지 않지만 여성이나 유색인종에게는 몸의 상태가 삶에
절대적인 영향을 미친다는 사실입니다. 여성의 몸으로 태어났다
는 이유 하나로 남성과 같은 삶을 누릴 수 없고, 피부색이 검다는

 이유 하나로 백인에게 차별을 받는 것이지요. 남성과 백인은 인간의 기준이 됩니다. '인류(man/kind)'처럼 'man'은 곧 인간을 대표합니다. 사실 흰색도 수많은 색깔 중의 하나(유색!)일 뿐이므로 '백인 vs 유색인종' 식의 구분도 크게 잘못된 인식입니다.

페미니즘은 '여성의 삶의 경험과 남성의 삶의 경험은 다르다'는 인식에서 출발했습니다. 그런데 단순히 다르다가 아니라 여성과 남성의 관계가 매우 굳건하고 분명한 상하 관계라는 현실이 문제입니다. '성 역할'이라는 말은 남성의 역할과 여성의 역할을 나란히 늘어놓은 공평한 말 같지만 그렇지 않습니다. "계집애만도 못하다, 집에 가서 애나 봐라, 남자 못지않은, 집에만 있기엔 아까운 여자"라는 일상어에서 알 수 있는 것처럼 사회는 남성다움, 남성성, 남성의 노동을 훨씬 우월하게 생각합니다. 여성의 역할은 하찮게 취급하지요.

여러분은 아무 잘못 없이 차별받은 경험이 있나요? 저는 굉장히 많습니다. 저는 1남 2녀의 장녀로 태어나서 지금까지도 '공부만 하는' 전형적인 '범생' 인생입니다. 그런데도 집에서나 집 밖에서나 24시간 '여성'이라는 표식이 늘 따라다닙니다. 똑같은 강의 주제, 예를 들면 '근대 국가와 군대'로 강의를 해도 인문학으로 분류될 때 받는 강사료와 여성학으로 분류될 때 받는 강사료가 크게 다릅니다. 여성학/여성학 강사의 위상을 낮게 보기 때문이지요. 제 나이 또래의 남성 연구자들은 '소장학자'라고 불리는데, 저는 '한물간' 사람 취급을 받습니다.

지금 저를 부양하는 사람은 없고, 저는 가족 세 명을 부양하는 생계 부양자입니다. 돈을 버는 일부 남성과 똑같은 생계 부양자인데, 사람들은 저의 노동을 생계가 아닌 '자아실현'이나 '여성운동'으로 생각합니다. 그래서 강사료를 깎거나 아무렇지도 않게 무료 강의를 요구합니다. 남성에게는 절대 요구할 수 없는 액수, 혹은 무례한 태도로 말입니다. 강의를 거절할 경우에는 '나쁜 여자', '돈 밝히는 여자'가 됩니다. 모욕적이고 비참하고 화가 나지요. 이러한 현실을 개선할 수 없거나 제 자신이 무기력하게 느껴질 때는 저를 자책하거나 우울해지기도 합니다. 이러한 예는 한도 끝도 없이 많지만 저를 '피해자'라고 생각하지는 않습니다. 세상에는 성별이 아니더라도 차별받고 있는 많은 이들이니까요. 그들과 공감하고 연대하는 자세가 '더 중요한' 페미니즘의 과제라고 생각하기 때문입니다.

페미니즘 인식 없이는 세상을 알 수 없어요
페미니즘이 처음 등장했을 때는 참정권, 교육받을 권리 등과 같이 남성과 동등한 권리를 얻기 위해 노력했습니다. 한 세기가 훨씬 지난 지금, 페미니즘은 전 세계 인문·사회과학, 철학, 자연과학까지 주도하는 가장 '핫'하고 뛰어난 학문으로 거듭났습니다. 식민주의, 환경문제, 경제 불평등, 정의, 과학기술에 관한 철학 등 지금 우리 시대에 필요한 인식론은 모두 페미니즘에 크게 빚을 지고 있습니다.

제가 싫어하는 비유 중 하나가 '장님이 코끼리 만진다.' 입니다. 원래 코끼리는 너무 커서 '장님'이 아니라 누가 만져도 어디가 어딘지 분간이 잘 안 됩니다. 코끼리를 우주 만물이라고 치면, 우리는 모르는 것이 훨씬 많습니다. 그리고 아마도 세상에서 가장 덜 알려진 사상 중에 하나가 페미니즘입니다. 다른 말로 하면, 페미니즘을 알게 되면 많은 것을 알게 된다는 뜻이지요.

'페미니스트'에 따라 다르겠지만, 저는 페미니즘을 크게 세 가지 차원에서 공부하고 있습니다. 첫째는 성별 분업, 즉 성차별에 대한 문제 제기, 둘째는 사회·인간·자연을 만드는(구성, 조직하는) 원리, 셋째는 새로운 혹은 대안적 인식론입니다. 이 세 가지는 대립하거나 순서가 있지는 않습니다. 다 연결되어 있지만 논의하기 쉽게 나누어 설명해 보겠습니다.

첫째, 성별 분업은 가장 심각한 문제입니다. 우리가 흔히 '여성 문제'라고 부르는 것인데, 정확히 말하면 남성의 문제(men's problem)이자 여성의 질문(women's question)입니다. '남자는 이렇다(이래야 한다), 여자는 저렇다(저래야 한다)' 같은 성 역할에 대한 고정 관념, 편견, 선입견에 대한 문제 제기입니다. '왜 여자 용접공은 남자만큼 흔하지 않을까, 왜 전업주부는 여성만의 직업인가?'와 같은 문제의식이지요. 성별 분업은 개인의 인생에서 선택의 자유를 침해합니다. 예를 들어, 여성이 용접공이 되고 싶어도 공장에서 뽑아 주지 않으니 직업 선택의 자유를 침해하는 것과 마찬가지입니다.

하지만 성별 분업의 더 근본적인 문제는 차별과 인권 침해입니다. 성별 분업은 단순히 '남성은 남성의 일, 여성은 여성의 일'로 나누는 것에 그치지 않습니다. 남성과 여성을 상하 관계로 나누고, 남성은 공적인 영역의 일을, 여성은 주로 가사 노동과 같은 사적인 영역의 일을 하는 것처럼 만듭니다.

현실적으로 여성은 이중 노동을 하고 있습니다. 요즘 여성들에게 결혼은 필수가 아니라 선택이지요. 지금 여러분 중에서 현모양처가 꿈인 여성은 드물 것입니다. 대부분의 여성이 직업을 가지고 일을 하기를 원하고, 이를 위해 노력합니다. 대다수 여성은 공적 영역에서도 일하고 집안에서도 일을 하는데, 남성은 그렇지 않습니다. 그리고 모든 남성이 공적 영역에서 일하는 것도 아닙니다. 실업자나 노숙자를 생각해 보세요. 그렇다고 여성들의 '사회 진출'만큼, 남성들이 집안일을 하나요? 전혀 아니지요! 우리나라 남성의 가사 노동 시간은 여성의 6분의 1에 불과합니다.

둘째, 페미니즘은 사회를 구성하고 인식하는 데 아주 중요한 요소라는 것입니다. 사회가 만들어지는 과정에는 다양한 원리가 작용합니다. 예를 들면, 모르는 사람을 처음 만나서 존댓말을 쓸 것인가, 반말을 쓸 것인가를 결정할 때 한국 사회에서는 어떤 원리가 작동할까요? 나이와 성별이 먼저 작동하지요. 특히 나이를 먼저 의식하는 경우가 많습니다. 상대방보다 나이가 적은 사람은 존댓말을 써야 합니다. 그런데 어떤 경우에는 나이가 많은데도 성별이 여자라는 이유로 함부로 대합니다. 이처럼 사회관계나 인간관계에서 성별이 크게 작용합니다.

남성 중심 사회에서는 성별을 대수롭지 않게 여깁니다. 사소한 문제, 개인적인 문제, 가벼운 문제, 집안일이라고 여기며 이를 연구하지 않습니다. 그러나 성별에 대한 인식 없이는 어떤 사회 현상이나 인간관계도 이해할 수 없고, 올바르게 인식할 수도 없습니다. 결국 제대로 소통이 안 되고 서로 이유도 모른 채 싸움이 나는 경우가 많지요.

　페미니즘에 대한 대표적인 오해 중 하나는 페미니즘은 남성과 여성의 권력관계만 다룬다고 생각하는 경향입니다. 페미니즘은 '좁은 시각'이라는 것이지요. "더 넓게 세상을 봐라.", "거기(여성)에만 머물지 마라."와 같이 비판하곤 합니다. 한마디로 페미니즘은 편협하다는 것입니다. 그러나 페미니즘, 그리고 성별을 알아야 인간과 사회를, 혹은 나를 온전하게 파악할 수 있습니다. 최소한 인간과 사회를 바라보는 시각이 풍부해지고, 넓어지고, 깊어지고, 어떤 면에서는 완전에 가까워지게 된답니다. 보이지 않았던 부분을 알게 되니까요.

　페미니즘에서 자주 쓰는 말 중에 '젠더(gender)'라는 말이 있습니다. 남자와 여자는 생물학적으로 다르게 태어나지요. 그런데 생물학적 차이 때문에 남자와 여자가 다른 성향을 갖게 되고, 다르게 대우받는 것이 아닙니다. 사회적인 규범과 문화가 남자와 여자를 다르게 만들었지요. 남자는 '남자답게' 길러지고, 여자는 '여자답게' 길러지면서 남자와 여자가 서로 달라진 거예요. 이런 사회적인 성별의 차이를 젠더라고 합니다.

　페미니즘은 사회현상을 파악하는 데 젠더가 어떤 영향을 미쳤는지, 혹은 관련성이 있는지 없는지를 공부하는 학문입니다. 이

슈에 따라서 어떤 것은 젠더적 요소가 많고, 어떤 것은 적겠지요. 예를 들어 지구온난화에 젠더가 어떤 영향을 미쳤을까요? 아프리카 사하라 사막이 1년에 몇 센티미터씩 남하하면서 점점 더 많은 땅이 사막화되고 있습니다. 남성과 국가가 주도한 개발이 사막화를 불러와 농사짓는 땅이 파괴되었고, 농촌공동체가 무너졌으며, 지구온난화를 일으켰지요. 그러니까 다 연관이 있는 것입니다. 그렇다면 사막화의 대안을 마련하기 위해서는 젠더, 즉 지역사회의 남성과 여성의 노동 등을 필수적으로 고려해야 효과적인 해결책이 나올 수 있습니다. 이처럼 젠더는 사회현상 곳곳에 영향을 미치고 있어요.

셋째, 페미니즘은 인류가 추구해야 할 새로운 인식론이라는 입장이에요. 인식론이라는 말이 조금 어렵지요? 세상을 새롭게 보는 눈, 세상에 대해 새롭게 말하는 목소리라고 이해하면 됩니다. 페미니즘은 지금까지는 들리지 않았지만, 인류 모두에게 지혜를 주는 목소리, 상상력과 용기를 주는 생각과 가치관이에요. 스티브 잡스의 유명한 말, "다르게 생각하라!" 대신 저는 이렇게 말합니다. "다르게 생각하라를 다르게 생각하라!" 페미니즘은 양성평등을 넘어 사회정의를 위한 사상입니다.

다르게 생각한다는 것은 통념, 규범, 상식에서 벗어나자는 말입니다. 기존의 통념은 부당한 것도 많지만, 일단 진부하고 식상하

잖아요? 우리가 써 왔던 말이나 사고방식을 다른 시각에서 재구성하자는 것이지요. 다른 시각은 여성, 장애인, 어린이, 노인 등 지금까지 주류로부터 배제당한 사람들에게서 나오기 쉽습니다. 예를 들어 얼마 전까지도 사람들은 제주도를 '변방'이라고 했습니다. 유배지의 상징이기도 했지요. 그런데 변방은 육지 사람의 입장에서일 뿐이고, 태평양 쪽에서 바라보면 제주도는 한반도의 관문이잖아요? 이렇게 보면 제주도의 위상은 크게 달라지게 됩니다. 실제로 제주도는 한·중 관계의 요지로서 엄청나게 변화하고 있습니다.

여성의 시각도 마찬가지예요. 왜 '유관순 언니'가 아니라 '유관순 누나'일까요? 남성의 입장에서 유관순을 바라보니까 '누나'가 되지요. '여성 상위'라는 말은 있지만 '남성 상위'라는 말은 없습니다. '남성 상위'가 당연하고 '여성 상위'는 특이한 경우라고 생각하기 때문이에요. 그동안 우리가 써 온 말이 남성의 입장이라는 걸 말해 주지요. 또 여성의 시각에서 보면 가정이 '휴식의 공간'이기만 할까요? '노동의 공간'이자 '폭력의 공간'이기도 하지요.

페미니즘, 다르게 보는 연습

페미니즘은 인식론, 가치관이지만 지식, 정보, 교양이기도 합니다. 모두가 페미니스트가 될 필요는 없지만, 공부해서 손해 볼 일은 없어요. 요즘 가장 중요한 가치가 창의력, 상상력이잖아요?

상상력은 없는 것을 만들어 내는 것이 아니라 인식하는 사람의 자리, 위치를 바꾸어 보는 것입니다. 지금까지 서구, 백인, 남성의 입장에서만 세상을 편협하게 바라봤다면, 조금 다른 입장에서 바라보고, 생각하는 연습을 하는 것입니다.

건물 안에서 볼 때와 건물 밖에서 볼 때, 언제 건물이 더 잘 보일까요? 새가 높은 하늘에서 아래를 내려다보는 것처럼 한눈에 관찰하는 것을 조감, 버드 뷰(bird view)라고 해요. 인간은 새가 아니므로 건물을 조감하기 위해서는 비행기와 같은 기계의 힘을 빌려야 합니다. 오직 인간의 몸으로 건물을 보기 위해서는 여러 지점의 측면(側面)에서 볼 수밖에 없습니다. 그렇게 다양한 측면에서 본 사람들과 대화하고 토론하는 것, 자신이 본 것이 다가 아니라는 것을 아는 것, 자신의 무지를 알아 가는 과정. 바로 이러한 소통과 연대가 제가 생각하는 페미니즘입니다. 그래서 제게 페미니즘은 사회정의이자 동시에 지적 쾌락을 선사하는 소중한 자원이랍니다. 인생이 매 순간 즐겁거나 흥미진진할 수는 없습니다. 행복의 반대는 불행이 아니라 권태라고들 하지요. 그러나 페미니즘은 언제나 새롭기 때문에 고뇌와 더불어 삶을 풍요롭게 해 줍니다. 아, 무엇보다 페미니즘은 우리 여성들의 삶을 개선하는 가장 실질적인 인문학입니다!

지금까지 제가 생각하는 페미니즘에 대해 여러분에게 이야기 했습니다. 이제부터는 여러 선생님들이 페미니즘의 입장에서 엄마가 된다는 것, 성 정체성, 우리를 둘러싼 대중문화, 자기방어 훈련, 몸과 성 그리고 노동, 과학, 환경 등에 대해 다양한 이야기를 들려주실 거예요. 지금부터 페미니즘의 눈으로 '나'와 세상을 다르게 바라보는 연습을 시작해 볼까요?

1. 공동체 생활

내가 아니면 누가?
지금이 아니면 언제!

: 김고연주 :

여성주의를 접하고 김연주에서 김고연주가 되었다. 김고연주로서의 삶은 험
난하지만 김연주로 사는 것보다 낫다고 확신한다. 동지들이 있고, 변화와 희망
이 보이기 때문이다. 지금은 서울시에서 젠더자문관으로 일하고 있다. 쓴 책으
로『길을 묻는 아이들』,『조금 다른 아이들 조금 다른 이야기』,『우리 엄마는
왜?』,『엄마도 아프다』(공저),『친밀한 적』(공저) 등이 있다.

야, ○○ 개 어때?

"이번 주는 누구래?"

"아마 준수인 것 같아."

"와, 반에서 1등도 예외가 아니구나!"

1990년, 제가 초등학교 6학년 때 일이에요. 남자아이들 사이에서 이상한 일이 벌어지고 있었습니다. 아이들은 한 아이와 밥도 먹지 않고, 말도 하지 않고, 놀지도 않았어요. 그야말로 투명인간 취급을 했지요. 그 아이는 혼자서 외톨이처럼 학교생활을 해야 했답니다. 혼자 밥 먹고 혼자 노는 그 아이의 모습이 그렇게 쓸쓸해 보일 수가 없었어요. 그런데 어느 날 보니 그 아이는 다시 우리 반 남자아이들과 웃고 떠들고 있었습니다. 하지만 또 다른 아이가 외톨이가 되어 있었지요. 지금으로 치면 '왕따'였던 겁니다.

하지만 1990년대 초만 해도 왕따라는 말이 없었답니다. 그러니 어제까지 함께 어울리던 친구가 갑자기 투명인간 취급을 당해도 무슨 일이 벌어지고 있는지 파악하기도 힘들었고, 이런 일을 뭐라고 불러야 할지도 알 수 없었어요. 어쨌든 우리 반 남자아이들은 돌아가면서 한 명씩 왕따를 만들었어요. 그러더니 결국엔 반에서 1~2등을 하는 남자아이들도 왕따가 되었습니다. 순서를 누가 정하는지, 왕따 기간이 언제 시작해서 언제 끝나는지, 왕따의 이유 같은 것들은 알 수 없었습니다. 자기들끼리 암묵적으로 은밀하게 진행하는 것 같았어요.

그런데 하루는 어떤 남자아이가 제 친구에게 "야, 연주 걔 어때?" 하고 묻는 게 아니겠어요? 제 친구는 "뭐가?" 하고 반문했습니다. "걔 좀 잘난 척하거나 재수 없지 않아?" 하더군요. 저는 정말 깜짝 놀랐지만 가만히 숨어 있었어요. 왠지 제가 듣고 있다는 걸 들키면 안 될 것 같았거든요. 제 친구는 "아니? 걔 안 그러는데?" 하고 대답했습니다. "그래?" 그 남자아이는 무척 실망한 표정을 지었습니다. "왜 물어보는데?" 제 친구가 물었어요. 저도 정말 궁금했답니다. '도대체 왜 저런 걸 물어보지?' "아니야, 아무것도…." 하면서 그 남자아이는 가 버렸습니다. 그 남자아이가 왜 그런 이야기를 했는지 알 수 없었지만 좋은 의도는 아닌 게 확실했기 때문에 저는 정말 다행이다 싶었고, 그렇게 대답해 준 친구가 무척 고마웠어요.

그러나 시간이 조금 흐른 뒤 비로소 그 질문이 무슨 의미였는지 알게 되었어요. 남자아이들이 자기들끼리의 왕따가 끝나자, 괴롭힐 여자아이들을 물색하기 시작한 것이었습니다. 그런데 여자아이들을 괴롭히는 방식은 남자아이들을 괴롭히던 것과 달랐어요. 남자아이 여러 명이 여자아이 몇 명을 불러내서 둥그렇게 둘러싸고, 그중에 몇 명이 여자아이들을 폭행하는 것이었어요. 이유도 가지각색이었습니다. 어떤 남자아이와 사귀다가 다른 아이를 사귄다거나, 잘난 척을 한다는 등의 이유였지요. 물론 이러한 집단 폭행이 언제부터, 얼마나 있었는지는 모릅니다. 다만 꼬리가 길면 밟힌다고, 아이들의 목격담이 학교에 퍼지면서 알려지게 되었지요.

전에 제 친구에게 했던 질문의 의미를 알아차렸을 때 저는 앞이 아득하고 간담이 서늘했어요. '아, 그 질문이 이런 뜻이었구나!' 저도 친구의 말 한마디에, 재수 없다는 이유로 남자아이들에게 끌려가서 집단 폭행을 당했을 수도 있었던 거예요. 저는 남자아이들에게 집단 폭행을 당했다는 여자아이들을 가만히 살펴봤습니다. 그러나 그 아이들은 착하고 명랑한 데다 인기도 많은 아이들이었어요. 하지만 집단 폭행을 경험한 후로 확실히 달라져 있었어요.

아무렇지 않은 척하지만, 표정이 어둡고 기가 죽어 있었습니다. 얼굴에 웃음기라곤 찾아볼 수 없었고요.

그러나 더 놀라운 것은 가해한 남자아이들의 태도였습니다. 정말 아무 일도 없었던 것처럼 행동할 뿐 아니라 자기들이 때린 여자아이들에게도 평소처럼 대하는 거예요. 심지어는 여자아이들에게 웃으면서 말을 걸거나 장난을 치기도 하더라고요. 그런 모습을 보고 있자니 소름이 끼쳤답니다. 다행히 이런 악행은 학교에 소문이 나면서 스리슬쩍 사라졌습니다. 누가 가해자인지 정확히 알려지지 않은 채로요.

떼카, 카톡 감옥, 방파…

소녀들이 가장 많은 시간을 보내는 곳은 학교입니다. 대부분 공부에 시달리느라 학교생활이 즐겁지 않겠지요? 저도 그랬습니다. 선생님들의 감시 속에서 하루 종일 공부만 하자면 숨이 막힐 지경이었습니다. 성적이 세상에서 제일 중요한 것처럼 성적으로 사람을 평가하고, 심지어는 사람 됨됨이를 판단하고, 미래의 성공과 행복까지 예측하는 문화가 너무 싫었습니다. 그래도 꾸역꾸역 견딜 수 있었던 것은 함께 웃고, 떠들고, 장난도 치면서 서로에게 위로가 되어 주는 친구들 때문이었습니다. 그런 친구들이 없었다면, 게다가 집단 폭행을 당했다면 학교생활을 견디기 어려웠을 거예요. 그만큼 친구들은 소중한 존재입니다.

그런데 안타깝게도 왕따가 계속 늘어나고 있다면서요? 제가 고등학교를 졸업한 지 20년이 다 되어 가는데 그동안 왕따가 줄어들기는커녕 오히려 늘어나고 있다니, 우리 사회가 잘못돼도 한참 잘못됐네요. 교육부의 '학교폭력 실태조사' 통계 자료에 따르면, 2014년도 상반기 학교폭력은 전국 1만 662건으로 전년도 같은 기간의 9,713건보다 9.8% 증가했다고 합니다. 더욱이 피해 연령은 점점 낮아지는 추세랍니다.

왕따를 하는 방법도 가지각색입니다. 투명인간 취급을 하거나 폭행도 여전하지만 요즘은 '떼카', '카톡 감옥', '방파' 등 온라인 공간에서도 시도 때도 없이 괴롭힌다고 하더라고요. '떼카'는 단체 채팅방에서 피해 학생에게 집단으로 욕설을 하는 행위를 지칭하는 은어이고, '카톡 감옥'은 이 같은 괴롭힘을 피해 단체 채팅방에서 나간 학생을 계속 초대해 빠져나가지 못하게 하는 것입니다. '방폭'은 단체 채팅방에 피해 학생만 남겨 두고 모두 퇴장해 피해 학생을 온라인에서 왕따시키는 것이고요.

한국청소년정책연구원이 2014년 전국 중·고등학교 4,000명을 대상으로 한 '청소년 사이버불링 실태조사'에 따르면 무려 3분의 1의 청소년이 사이버 괴롭힘을 당했다고 답했답니다. 게다가 가해 이유는 '상대방이 싫거나 미워서'(36.4%), '별다른 이유 없음'(20.5%), '재미있어서'(8.2%) 순이었다고 해요. 이렇게 많은 학생들이 피해를 입고 있다는 사실도 충격적이지만, 가해를 하는 이유는 더 충격적입니다. 다른 사람이 싫거나 밉다는 이유로 괴롭혀서도 안 되는데, 심지어 이유가 없거나 재미있어서라니요. 어쩌다 이렇게까지 되어 버린 건지 안타깝고 속이 상합니다.

우월과 열등 VS 차이와 공감

이렇게 심각한 왕따 문제를 어떻게 해결할 수 있을까요? 해결하기가 쉽지 않겠지만 그렇다고 그냥 두고 볼 수는 없지요. 왕따 문제에 접근하는 방법은 여러 가지가 있겠지만 저는 그중에서도 페미니즘으로 왕따 문제를 고민해 봤으면 합니다.

페미니즘은 사람들이 저마다 지니고 있는 차이를 존중하고, 상대방의 처지와 감정에 공감하며, 나아가 여러 사람이 함께 힘을 모으는 연대를 중시합니다. 사람에게는 누구나 남과 다른 '차이'가 있잖아요. 그 차이를 통해서 다른 사람과 자신을 구별하고, 자신의 개성을 만들어 갑니다. 문제는 누구에게나 있는 차이가 자칫하면 우월과 열등으로 분류된다는 점이에요. 우리 사회에는 차이를 우월과 열등으로 분류하는 수많은 기준들이 있습니다. 이를테면 키는 사람마다 제각각이지만 큰 키가 우월하고 작은 키는 열등하다고 생각합니다. 피부색도 천차만별이지만 흰 피부가 우월하고 어두운 피부가 열등하다고 여깁니다. 이렇게 차이를 '차별'로 만들어 내는 기준은 외모, 나이, 종교, 언어, 직업, 학벌, 장애, 성적 취향, 성별 등 셀 수가 없지요. 이쯤 되면 어느 누구라도, 정말 완벽해 보이는 사람일지라도 적어도 한두 가지는 열등한 부류에 속하게 됩니다.

'외모' 한 가지만 놓고 봐도 그렇습니다. 예를 들어 한국에서 제일 예쁘다고 손꼽히는 여자 연예인을 생각해 볼까요. 여러분은 여자 연예인 중에 누가 제일 예쁜 것 같나요? 전지현? 어떤 친구는 "에이, 전지현은 너무 말랐어요. 사실 순 머릿발이라고요."라고 말할지도 몰라요. 그럼 김태희는 어때요? "에이, 아니죠. 김태희는 서울대 프리미엄 때문이에요. 이빨이 얼마나 큰지 완전 토끼 이빨이에요."라고 말하는 친구도 있을 거예요. 그렇다면 송혜교? "에이, 참 보는 눈이 없네요. 송혜교는 키가 너무 작아요. 땅딸보잖아요."라고 말하는 친구도 있을 수 있지요. 이럴 수가! 한국뿐 아니라 아시아에서 예쁘기로 소문난 전지현, 김태희, 송혜교도 완벽하진 않군요. 외모 하나에도 너무나 많은 우열의 기준이 있으니, 어느 누구도 모든 기준을 충족시키는 것은 불가능합니다. 몸매, 치아의 크기, 키 등은 사람마다 모두 다를 수밖에 없는데 촘촘한 기준을 세워 좋네, 나쁘네 하고 있으니 거기에 걸리지 않을 재간이 있나요.

이처럼 누구나 사회적 기준에 따라 우월한 면과 열등한 면을 가지고 있습니다. 그러니 모든 사람이 다른 사람을 차별하면서 우월감을, 다른 사람에게 차별받으면서 열등감을 느낄 겁니다. 이 두 감정은 상반되기 때문에 우월감과 열등감 중에 어떤 감정에 공감할 것인지를 선택해야 합니다. 하지만 이것은 기울어진 선택지예요. 모름지기 다른 사람보다 우월하면 기분이 좋고, 열등하면 기분이 나쁘게 마련이니까요. 그런데 다른 사람을 차별하면서 느끼는 우월감에 공감하는 것을 선택하면 당장 기분은 좋을지 몰라도, 자신이 다른 사람들에게 차별받으면서 느끼는 열등감도 받아들여야 합니다. 내가 우월감을 선택한 것처럼, 다른 사람들도 우월감을 선택할 테니까요. 곧, 우월감에는 열등감이라는 그림자가 따라옵니다.

하지만 열등감에 공감하는 것을 선택한다면 차별에 대한 문제 제기도 가능해집니다. 차이가 우열이 아니라 다양성일 뿐이라고 외칠 수 있어요. 우월감을 느끼지 못하는 대신 열등감을 느끼지 않아도 됩니다. 그래서 페미니즘은 누구나 경험하는 우월감과 열등감 중에서 열등감에 주목하자고 제안합니다. 자신이 느꼈던 고통과 괴로움을 떠올린다면 상대방과의 공감을 통해 차이를 차별이 아닌 다양성으로 존중할 수 있다는 거예요. 물론 혼자서는 할 수 없어요. 여러 사람들이 함께 힘을 모아야 가능합니다.

우리 모두는 평등하고 존엄하다는 상식

제가 6학년 때 겪었던 사건도 '차이'와 '공감'의 문제로 접근할 수 있습니다. 일반적으로 우리는 다른 사람의 감정에 공감하지 못하다가도 자신이 비슷한 일을 겪으면 그제야 그 사람이 느꼈을 감정을 조금이나마 짐작할 수 있게 되지요. 공감이란 이토록 어렵습니다. 남자아이들은 돌아가면서 왕따를 당했기 때문에 그 심정이 어떤지 모두 알았을 거예요. 그런데도 남자아이들은 왕따 행위를 멈추지 않았어요. 공부 잘하는 아이들도 예외 없이 왕따를 했던 걸 보면 왕따는 남자아이들 사이에서 '평등'을 실천하고, 우정을 다지는 통과의례였을 수도 있습니다. 왕따 기간이 끝나면 더 친해지는 것처럼 보였으니까요. 하지만 괴롭힘의 대상이 여자아이가 되었을 때에는 무지막지한 폭행이 더해졌지요.

여기에서 '우리'와 '타자'가 어떻게 구성되는지 알 수 있습니다. 우리와 타자를 나누는 기준은 '나와 얼마나 비슷한가 아니면 다른가'입니다. 남자아이들끼리 왕따를 할 때에는 '차이'에 주목했을 거예요. 집이 가난하다든지, 잘난 척을 한다든지, 눈치가 없다든지, 힘이 약하다든지, 뚱뚱하다든지, 키가 작다든지 등등 여러 가지 차이점을 콕 집어서 왕따를 했을 겁니다. 그리고 그 차이가 왕따를 당하기에 충분한 이유라고 생각했을 거예요. 하지만 따지고 보면 '단점'(사실은 단점이 아니라 '차이')이 없는 친구가 누가 있을까요. '이번엔 누구를 왕따시킬까' 하고 찾다 보니 다른 친구들의 '단점'이 눈에 들어오게 된 거겠지요. 결국 남자아이들 모두가 왕따를 겪은 후에는 각자의 차이는 사라지고 다시 '우리'로 하나가 되었습니다. 그리고는 더 이상 괴롭힐 사람이 없자 여자아이들에게 눈을 돌린 것입니다.

그런데 여자아이들은 남자아이들과 큰 차이가 있습니다. 바로 성별이 다르다는 거예요. 여자아이들이 지니고 있는 차이는 성별과 묶이면서 훨씬 더 크게 두드러져 보였을 것입니다. 여기에 남자아이들이 지니고 있는 힘의 우위가 보태져 여자아이들에게 폭력을 가하게 된 것이지요. 남자아이들도 '폭력'이 옳지 않다는 건 잘 알고 있었어요. 그래서 '맞아야 하는 이유'를 찾았습니다. 마치 자기들에게 여자아이들의 말이나 행동을 심판하고 벌을 내릴 수 있는 권한이 있는 것처럼 말이지요.

이렇게 '우리'와 '타자'의 범위는 변화합니다. 무엇에 주목하느냐에 따라 어제의 우리가 오늘의 타자가 될 수 있고, 오늘의 타자가 내일의 우리가 될 수 있습니다. 마치 왕따 없이 잘 지내던 '우리 반' 남자아이들이 왕따를 하면서 '타자'를 만들어 냈다가 더 이상 왕따를 할 아이가 없자, 또는 재미가 사라지자 다시 '우리 반'이 돼서 잘 지냈던 것처럼요. 그리고 서로 부끄러워하면서 잘 어울리지도 않았던 여자아이들에게 눈을 돌려 몇몇을 때리면서 자기들의 우월감을 확인했던 것처럼요.

그렇다면 성별이 다른 여자아이들은 애초에 남자아이들과 함께 '우리'가 될 수 없었던 걸까요? 이 질문에 대한 답을 찾는데도 페미니즘이 도움이 됩니다. 페미니즘은 여자와 남자가 별로 다르지 않다고 말합니다. 찬찬히 살펴보면 여자와 남자의 차이보다는 여자와 여자, 남자와 남자, 또는 인종과 인종 사이의 차이가 더 크기 때문이에요. 생각해 보세요. 도시에 사는 디자이너 여성과 농촌에 사는 농부 여성, 팔순잔치를 앞둔 할아버지와 내일 중학교를 졸업하는 소년. 이들이 태어나서 죽을 때까지 하는 경험은 같은 성별이어도 너무나 다르지 않을까요?

페미니즘은 사람들 간에 무수한 차이가 있는 것은 당연하지만 차이보다는 '인간'이라는 공통점이 훨씬 크다고 말합니다. 우리가 차이에 주목하기 때문에 차이가 커 보이지만, 공통점에 주목하면 공통점이 훨씬 많다는 것을 쉽게 알 수 있습니다. '여자와 남자 모두 인간이고, 인간은 제각기 다른 개성을 지니며, 모든 인간은 개성에 상관없이 평등하고 존엄하다'는 아주 당연한 상식을 지향하는 것이 페미니즘이랍니다. 따라서 여자아이들과 남자아이들이 얼마든지 '우리'가 될 수 있는 것이지요.

페미니즘, 공감과 연대로 세상을 바꾸려는 도전

그렇다면 '모든 인간은 평등하고 존엄하다'는 당연한 상식을 어떻게 실현시킬 수 있을까요? 왕따 현상에는 크게 두 가지 원인이 있는 듯합니다. 첫째는 '왕따를 당하는 아이는 그럴 만한 이유가 있다'는 생각이에요. 둘째는 '왕따가 옳지 않다고 생각하지만 왕따인 친구와 어울리다가 나까지 왕따를 당할지 모른다, 내가 할 수 있는 일이 없다'는 두려움입니다.

먼저, 첫 번째 원인을 들여다볼까요? 앞서 말한 대로 이러한 생각은 차이를 차별로 만드는 행위를 합리화하는 것입니다. 차이는 다양성이고, 다양성은 존중해야 하는 것이지 좋고 싫고의 문제가 아닙니다. 그래도 싫은 건 싫은 거라고요? 그렇다면 그 친구를 한번 떠올려 보세요. 목소리는? 말버릇은? 걸음걸이는? 취미는? 장래 희망은? 좋아하는 과목은? 성격은? 아마도 그 친구에 대해 아는 것이 별로 없을 거예요. 잘 알지 못하는 상황에서 그 친구의 여러 모습 중에서도 사회의 촘촘한 차별 기준에 따라 열등하다고 생각되는 모습이 더 쉽게 눈에 들어왔던 것입니다.

다음으로, 두 번째 원인에 대해서는 어떻게 대처해야 할까요? 누구나 왕따를 당하기 싫습니다. 하지만 두렵다는 이유로 외면하다 보면 왕따 문제는 더 심해질 거예요. 왕따를 당하는 친구의 괴로움은 점점 더 커질 것이고, 친구의 고통을 외면하고 있는 자신에게 느끼는 괴로움 역시 커질 겁니다. 그리고 자신도 왕따를 당할 수 있다는 생각으로 불안에 떨게 됩니다. 누구에게나 사회적 기준에 따라 열등한 부분이 있으니까요. 앞서 이야기한 2014년 설문 조사에 응답한 학생 중 3분의 1이 왕따를 당했습니다. 여러분은 절대 그 세 명 중에 한 명이 아닐 수 있을까요? 결국 왕따는 여러분 모두의 문제입니다. 하지만 혼자서는 해결하지 못합니다. 주위 사람들과 힘을 합해야 합니다. 주위를 둘러보세요. 친구, 선후배, 선생님, 부모님 등 우리 주변에는 도움을 청할 수 있는 사람들이 많이 있습니다.

페미니즘은 사회적 약자들과의 공감과 연대를 통해 세상을 바꾸려는 도전입니다. 거창한 것이 아니에요. 사실 누구나 사회적 약자이기 때문에 공감할 수 있고 연대할 수 있는 사람들이 어디에나 있답니다. 그리고 우리 사회에는 너무나 비상식적인 일들이 널려 있고요. 바꿔야 할 것들이 너무너무 많아서 어디서부터 시작해야 할지 모르겠다고요? 그건 그래요. 하지만 여러분이 겪고 있는 바로 그 일부터 시작해 보자고요. 다른 무엇보다 잘 보이고, 행동할 수 있는 용기를 북돋워 주는 것이 바로 자신이 겪고 있는 일이니까요. 여러분이 움직이면 세상이 움직입니다. 영화 〈해리포터〉

시리즈에서 헤르미온느 역할로 나왔던 엠마 왓슨이 이런 말을 했습니다.

"내가 아니면 누가? 지금이 아니면 언제?(If not me, who? If not now, when?)"

공감과 연대의 세계로 들어온 여러분을 응원합니다.

세상의 모든 딸들을 위하여

영화 <서프러제트>

제가 여러분에게 추천하고 싶은 작품은 2015년에 영국에서 제작된 사라 개브론 감독의 〈서프러제트〉라는 영화예요. 서프러제트(Suffragette)는 '참정권 운동을 하는 여성들'이라는 뜻이지요. 〈서프러제트〉는 평범한 여성이었던 모드가 어떻게 여성 참정권 운동에 헌신적으로 참여하게 되었는지를 보여 줍니다.

세탁 공장에서 일하다가 화상으로 돌아가신 엄마, 그리고 대를 이어 같은 세탁 공장에서 쥐꼬리만 한 돈을 받으면서 살아가는 모드. 어느 날 모드는 세탁 공장 창고에서 한 어린 여공이 사장에게 강간을 당하고 있는 장면을 목격합니다. 자신의 어린 시절이 떠올라 숨이 멎을 것 같았어요. 충격을 받은 모드가 숨을 고르고 있는데 사장이 쫓아 나옵니다. 신고하지 말아 달라고 애원하러 사

〈서프러제트〉| 사라 개브론 감독 | 2015

장이 쫓아 나왔을까요? 아니에요. 사장은 모드에게 왜 갑자기 창고에 들어왔느냐며 화를 냈고, 자신이 강간한 여공이 어린 시절의 모드와 비슷하다며 조롱했습니다. 모드는 이런 모욕을 당하면서도 사장에게 아무 말도 하지 못했어요. 하지만 속으로는 이를 악물었습니다. 모드의 엄마, 자신, 그리고 어린 여공을 보면서 현재의 고통이 자기 혼자만의 고통이 아니라는 사실을 절실히 깨달았습니다.

모드는 다른 삶을 살고 싶었고, 세상의 모든 딸들에게도 변화된 세상을 물려주고 싶었답니다. 그래서 참정권 운동에 참여하기로 결심합니다. 정치에 참여하는 방법은 다양하지만 민주주의 사회에서 가장 핵심적인 방법은 바로 선거입니다. 우리는 선거를 통해 자신의 의사를 표현하지요. 하지만 불과 100년 전만 해도 여성들은 이런 당연한 권리를 누릴 수 없었어요.

여기서 우리가 주목해야 할 사실이 있습니다. 처음부터 '모든' 남성이 선거권을 보장받았던 것이 아니라는 거예요. 엄청난 반전이지요? 처음에는 귀족, 백인, 부자 등등의 조건에 맞는 사람들만 선거를 할 수 있었어요. 그러다가 점점 그 조건의 범위가 넓어지면서 모든 성인 남성이 선거권을 갖게 된 것이지요. 많은 남성들이 자신도 선거권을 갖지 못해서 억울하고 화가 났던 경험이 있으면서도, 여성들에게 똑같은 억압과 차별을 반복하고 있었던 것입니다. 남성과 여성은 다르고, 그 차이가 '남성은 우월, 여성은 열등'하다는 근거라고 생각했으니까요.

하지만 일부 여성들, 그리고 소수의 남성들은 이러한 생각에 결코 동의하지 않았어요. 이들은 남성과 동일한 선거권을 요구하기 시작했지요. 그렇지만 여성에 대한 차별이 뿌리 깊었기 때문에 남성들의 생각을 바꾸기는 쉽지 않았습니다. 게다가 여성들조차 참정권 운동을 하는 여성들을 수치스럽게 생각했답니다. 서프러제트들은 남성들, 그리고 여성들에 맞서 싸워야 했어요. 지금 우리가 당연하게 생각하는 여성의 선거권은 결코 거저 얻은 것이 아니었던 거예요. 수많은 여성들과, 이들과 뜻을 같이해 준 남성들의 피와 눈물의 결과입니다.

〈서프러제트〉는 우리들이 당연하게 생각하는 권리와 상식이 사실은 얼마나 어렵게 얻은 투쟁의 결과인지를 잘 보여 줍니다. 권리와 상식을 얻기 위해 많은 사람들이 희생했지요. 그리고 결과적으로 모든 사람들의 삶을 더 낫게 만들어 주었습니다. 자신과는 상관없다고 생각했던 사람들뿐 아니라 심지어 거기에 반대했던 사람들도 혜택을 얻었습니다. 또한 여성들이 선거를 통해 터무니없이 낮은 임금을 올리고, 끝없이 긴 노동 시간을 줄이고, 직장 내 성희롱을 처벌하는 법을 만들면서 남편도, 아들도 더 행복한 삶을 살 수 있게 되었지요.

　결국 〈서프러제트〉는 역사적인 사례를 통해 여성과 남성의 대결이 아니라 모두 동등한 인간으로서 '인권', 곧 '인간다운 삶'을 고민하고 행동으로 옮기자고 이야기하고 있는 것 같아요. 저는 이렇게 울림이 있는 영화를 만든 여성 감독과 매력적인 배우들이 정말 고마워요. 여성학을 전공한 저조차도 역사적인 사건인 여성 참정권 운동에 대해 생생히 배울 수 있는 기회가 없었거든요. 이 영화 덕분에 우리의 현재가 어떻게 만들어졌는지를 알 수 있었고, 지금의 나 자신과 우리의 딸, 아들들을 위해 어떤 실천을 해야 할지를 고민하게 되었답니다. 제가 받은 감동을 여러분과 함께 나눌 수 있었으면 좋겠어요. 〈서프러제트〉, 강추합니다!

2. 모성

엄마가 되기/되지 않기 위하여

: 박선영 :

대학과 대학원에서 국문학을 전공했다. 2002년 한국일보에 입사한 후 사회부,
편집부, 국제부 등을 거쳐 현재는 문화부 기자로 일하고 있다. 종교는 유머, 이
데올로기는 의리. 의리 있는 삶을 추구하며, 기사로 독자를 웃길 때 가장 큰 보
람을 느낀다. 두 아이를 낳아 키우며 인간이란 무엇인가를 다시 배우고 있다.

소녀가 자라서 엄마가 된다

소녀들에게 엄마가 되는 일의 의미를 숙고해야 한다고 말하면, 아마 "빽" 하고 소리를 지르겠지요. "우리가 무슨 엄마야!, 징그럽게 왜 이러세요?, 엄마 따윈 되지 않을 거야⋯." 제가 소녀 시절 저런 얘길 들었다면 내질렀을 말들이에요. 하지만 그런 날은 옵니다. 요즘은 급격하게 그 숫자가 줄어들고 있지만, 여전히 많은 여성들에게 그런 날은 오게 됩니다. 마치 저절로 그렇게 되는 것처럼 엄마가 되는 날이 찾아오고야 맙니다.

'나는 엄마가 되지 않을 거니까 이 글은 읽을 필요가 없다'고 생각하는 소녀들에게 엄마가 되지 않기 위하여 더더욱 이 글은 읽어야 한다고 이야기해 주고 싶습니다. 막연한 거부 의사만으로는 회유에 굴복하기 쉽기 때문입니다. 사회는 여성으로 하여금 엄마가 되도록 끊임없이 압박을 가하고, 설득하고, 유혹합니다. 때로 그것은 더없이 달콤하기도 해서 많은 여성들이 엄마가 되지 않겠다는 신념을 버리고 투항하기도 합니다. 투항하지 않기 위해서라도 여러분은 엄마가 된다는 것의 실상을 여실히 알아야 합니다.

엄마가 된다는 것은 여성의 삶에서 가장 치명적인 사건입니다. 그런데 우리는 엄마가 된다는 것이 어떤 일인지 잘 알지도 못하면서 엄마가 됩니다. 그리고 엄마가 된다는 것이 '이런 거였어?' 라며 뒤늦게 울부짖습니다. 사회는 이것을 단순히 산후 우울증이라고 부르지만, 그것은 사실이 아닙니다. 만일 그게 사실이라면, 아이를 낳은 여성은 일평생 - 정도에 차이가 있을지언정 - 산후 우울증을 겪고 있다고 말해야 할 것입니다. 엄마라는 역할과 자아라는 존재 사이에서 갈등하다가 생기는 괴로움은 훌륭한 전업주부로 아이들을 잘 길러 낸 여성도 예외 없이 겪는 고통이기 때문입니다.

저는 지금 엄마가 되는 것은 끔찍하고 고통스런 일이라고 여러분을 겁주려는 걸까요. 아이를 낳는 것은 후회스러운 일이라고 일방적으로 선언하려는 걸까요. 소녀들은 엄마가 되는 과거의 길을 버리고 자아 성취와 세계에의 공헌을 향해 가정 바깥으로 박차

고 나가야만 한다고 주장하고 싶은 걸까요. 그렇게 명쾌하게 결론
낼 수 있는 문제라면 참으로 좋겠습니다만, 문제는 그렇게 간단치
않습니다.

단지 엄마라는 이유만으로

흔히 모성은 신화라고 이야기합니다. 여성을 가정이라는 사
적 영역에, 엄마라는 성별 분업에 묶어 두기 위해 남성 중심 사회
가 '모성'이라는 감정을 만들었다는 것이지요.

사회는 위대하고 숭고한 모성이라는 '거짓 신화'를 퍼뜨리며
희생하지 않는 엄마는 나쁜 엄마로 규정하고, 비도덕적이라고 비
난합니다. 여성 스스로도 죄책감에 시달리게 만들고요. 덕분에 남
성은 밖에 나가 마음껏 일하고 집에 오면 아무 대가를 지불하지
않고도 편안하게 쉴 수 있지요.

이것은 여성이 교육도 못 받고, 참정권도 갖지 못했던 저 먼
옛날의 이야기가 아닙니다. 의사와 의사가 결혼하면 누가 육아휴
직을 할까요. 변호사와 변호사가 결혼하면 누가 근무시간을 줄여
아이를 돌볼까요. 아이의 학교 상담 시간에 맞춰 휴가를 내야 하
는 사람은 부부 중 누구일까요. 학교라는, 그래도 아직은 공정한
게임의 장에서 소년들과 경쟁하는 여러분은 믿기지 않겠지만, 여
전히 여성들은 단지 엄마라는 이유만으로 끊임없는 양보와 희생

과 포기를 강요받습니다. 제가 소녀였던 20여 년 전, 저는 이미 성평등의 시대가 온 줄 알았습니다. '네 꿈을 맘껏 펼쳐라.'라고 엄마가, 학교가, 세상이 말했거든요. '너는 소년들과 다를 게 아무것도 없다며, 원하는 모든 것을 할 수 있다.'라고도 했습니다. 그러나 이런 말들은 제가 엄마가 되기 전까지만 진실이었습니다.

미래를 향한 푸른 꿈을 꾸고 있을 여러분은 아침이면 부스스한 차림새로 아이들을 유치원 차에 태우려고 아파트 단지와 동네 골목을 배회하는 전업주부들을 어쩌면 경멸의 눈초리로 보고 있을 수도 있습니다. 하지만 그들이 여러분과 똑같은, 세상에 나가 능히 자신의 재능을 떨칠 수 있는 유능한 여성들이라는 사실을 알게 되면 아마 깜짝 놀랄 겁니다. 지금도 제 주변에서는 똑똑하고 재능 있는 여성들이 아이를 돌보기 위해 자발적으로 일을 그만두고 있습니다. 20대에 52.1%로 남성보다 높은 여성 정규직 비율은 30대가 되면 34.2%로 빠르게 줄어듭니다. 40대가 되면 직장의 종류를 불문하고 아예 눈을 씻고도 찾아보기 힘든 지경이 됩니다.

이것은 비단 한국만의 문제가 아닙니다. 미국 직업 사다리의 최정점에 있는 연방대법원을 볼까요? 종신직인 연방대법관은 총 9명으로, 이 중 여성은 현재 3명입니다. 역사상 여성 비율이 가장 높은 구성입니다. 그런데 가장 최근 연방대법관으로 지명된 3명의 여성은 모두 비혼으로, 자녀가 없습니다. 그러면 남성은 어떨까요? 모두 합치면 무려 7명의 자녀를 두고 있습니다. 왜 똑같은 대법관 자격을 갖기까지 여성은 자녀가 없어야 하고, 남성은 저렇게 많아도 되는 걸까요? 엄마가 된다는 것 자체가 하나의 사회적 징벌이기 때문입니다. 이를 보도한 〈뉴욕타임스〉 기사에서 제인 발트포겔 컬럼비아대학 교수는 말합니다. "오늘날 여성 대부분은 남성 못지않게 일을 잘합니다. 자녀만 없다면요."

지난해 한국 대법원도 신임 대법관 임명 제청 절차를 밟으며 여성 법조인들을 후보에 올렸습니다만, 적잖은 여성들이 후보 추천을 거절했다고 합니다. '고3 수험생인 딸을 뒷바라지하기 위해서, 친정어머니를 간병하기 위해서' 등과 같은 가정사가 이유였습니다.

모성애를 악용하는 사회

이쯤 되면 여러분은 '그래, 절대 엄마는 되지 않겠어.'라고 결심하는 게 지극히 당연한 일입니다. 저도 '우리 모두 엄마가 되지 맙시다.'라고 자신 있게 말할 수 있으면 좋겠습니다. 하지만 그것은 최종적 해법이 될 수 없습니다. 저는 경제적, 제도적, 정신적인 이유로 여성이 출산을 거부하는 출산 파업을 지지합니다. 여성 개인으로서도 현명한 결정이고, 이 엉망진창인 사회에 본때를 보여줄 수 있는 행동이기도 합니다. 하지만 이것이 모두의 길이 될 수는 없습니다. 엄마가 되기를 원하는 여성도 있기 때문입니다.

세상에는 왜 이렇게 엄마가 된 여성들이 많을까요. 그 여성들은 왜 스스로 경력을 단절했을까요. 우리는 이 여성들을 모성 신화에 사로잡힌 자발적 노예들이라고 불러야 할까요. 일을 포기하지 않으면 되는데, 왜 포기하는 걸까요. 기업이 엄마 노동자를 원치 않고 차별하고 내쫓기 때문만은 아닙니다. 사회가 엄마가 된 여성을 가정으로 들어가라고 꼬드기기 때문만도 아닙니다. 모성 (애)이라는 것이 '신화'만은 아니기 때문입니다. 엄마는 준비된 상태에서 원하는 임신을 했을 경우, 대체로 아이를 사랑하게 되기 때문입니다.

남성들이, 사회가, 국가가 모성을 운운할 때 그것은 억압과 착취가 목적이지만, 아이를 낳은 여성의 내면에서는 아이에 대한 사랑이 생겨납니다. 모성을 신화로 만든 것은 사회가 여성을 엄마라는 자리에 박제해 두기 위한 억압이지만, 자식을 향한 엄마의 사랑에 신화적 요소가 없느냐 하면, 그렇다고 말할 수는 없습니다. 문제는 그 신화적 요소가 아빠의 사랑에는 적용되지 않으면서 엄마에게만 강제된다는 것에 있지, '엄마란 알고 보면 그렇게까지 자식을 사랑하는 존재가 아니다.'라는 주장이 될 수는 없습니다. 그런 사랑이 존재하지 않는다기보다 아이에 대한 여성의 사랑을 사회가 악용했다고 보는 것이 정확할 것입니다. 그러므로 모성애 같은 건 존재하지 않는다고 단언하는 것도 그릇된 정보입니다.

모든 걸 다 가질 순 없다고?
저는 어떻게 하면 세상에 나아가 의미 있는 일을 해내는 훌륭한 사람이 될 수 있을까에만 골몰하며 만 33년을 보내다가 불현듯 엄마가 되었습니다. 엄마가 된다는 건 한 번도 구체적으로 상상해 본 적이 없었습니다. 그 오랜 기간 학교 교육을 받고, 그 많은 책을 읽었음에도, 엄마가 되는 일의 빛과 어둠에 대해 들어 본 적이 없었습니다.

결혼을 해서 아이를 낳기로 결정하면서도 마찬가지였습니다. 더 이상 미룰 수 없는 임신 적령기 만료를 코앞에 두고, 남편과 양가 부모님의 성화에 못 이겨 첫아이를 낳았습니다. '그래, 자궁이 내 몸 안에 있으니 어쩔 수 없지. 낳는 것만 내가 해치우자.'라는 생각이었지요. 모성애 같은 건 날조된 거짓이라고 철석같이 믿었기에, 바로 일을 다시 할 생각이었습니다. '나는 나의 일을 할 것이고, 아이로 인해 내 삶이 변화하는 일은 절대 없을 거야.'라고 자신했습니다.

하지만 결과는 처참했습니다. 두 아이를 낳아 키우면서 저는 세 번의 휴직을 했고, 빈번히 사직서를 내던졌습니다. 회사에서 말리지 않았다면 지금 저는 좌절된 자아로 고통받는 전업주부로 살고 있을 확률이 높습니다. 육아라는 건 하면 할수록 하는 사람에게만 업무가 몰리는 기묘한 일입니다. 낳는 것까지만, 모유 수유까지만, 아이 돌까지만, 유치원에 들어갈 때까지만 엄마가 맡아서 하겠다는 것은 가능하지가 않은 일종의 망상입니다. 처음부터 함께하지 않으면 끝내 혼자 해야 하는 고독한 일이 바로 육아입니다. 엄마만 아이를 키우기 때문에, 아이가 엄마만을 원하게 되는 것입니다.

여러분은 이것을 잘 알아야 합니다. 저는 이 모든 것을 몰랐습니다. 아무도 가르쳐 주지 않았으니까요. 어디서도 읽거나 본 적이 없었으니까요. 저는 분노했습니다. 왜 소녀들에게 엄마가 되는 일에 대해 가르치지 않을까. 이토록 치명적인 함정을 그대로 두고 네 꿈을 펼치라는 말만 할까.

아이에 대한 사랑과 직업적 성취 사이에서 자아가 찢기면서 날마다 울었습니다. 남편을 원망하고 미워했습니다. 내가 내 경력을 만신창이로 만들면서 고통받을 때, 남편은 아무것도 잃지 않았으니까요. 같은 학교에서 같은 공부를 하고 같은 직업을 갖고 있는데, 저는 만신창이가 되고, 남편은 아무런 손실도 입지 않은 채 어엿한 4인 가구의 가장이 되었습니다. 남편은 제 모성애로부터 막대한 수혜를 입었습니다. 남성이라는 것 자체가 이토록 강력한 권력이라는 것을 저는 처절하게 깨달았습니다. 모성애 같은 건 존재하지 않아서 아이를 24시간 어린이집에 맡겨도 괜찮으면 좋으련만, 도저히 그렇게는 할 수 없었습니다. 이것이 대부분의 엄마가 경력 단절 여성이 되는 이유이고, 절차입니다.

대기업에서 높은 연봉을 받으며 일하던 제 대학 친구는 쌍둥이를 낳으면서 전업주부가 되었습니다. 첫아이를 낳고 이러지도 저러지도 못하며 괴로워하던 제가 신문에 '워킹맘을 부탁해'라는 기획 시리즈를 연재하기 시작했을 때, 기사를 본 친구가 말했습니다. "선택을 하면 된다. 우리는 선택을 했다. 다 가지려는 욕심 때문에 괴로운 것 아니냐." 저는 어쩐지 미안한 마음이 들었습니다. '내가 이기적인 걸까? 아이를 위해 모든 것을 내던지지 못하는 나는 엄마 자격이 없는 것일까.'

우연히 TV를 틀었는데 CNN 〈토크아시아(Talk Asia)〉라는 인터뷰 프로그램에 할리우드 배우 기네스 팰트로가 나오더군요. "워킹맘으로서 저는 예전만큼 많이 일하고 있지 않아요. 1년에 한 편 정도만 영화를 하고 있어요. 일을 할 때도 아이들과는 5일 이상 떨어져 있지 않아요. 이젠 해외 로케이션을 못 가요." 그리곤 환하게 웃으며 강조한 말, "모든 걸 다 가질 순 없지요. 다 가질 순 없어요.(You can't have it all. You can't have it all.)" 그렇구나, 다 가질 순 없구나. 저는 첫 번째 사직서를 던졌습니다.

선택을 거부해야 합니다

여성은 선택을 해야만 한다는 생각은 잘못됐습니다. 우리는 선택을 해야 할 이유가 없습니다. 남성은 아무런 고민 없이 직장과 가정을 병행하는데 왜 여성만 '직장이냐, 가정이냐' 양자택일을 해야 할까요. 남성도 아빠로서 엄마와 동등한 육아와 가사의 부담을 지도록 사회·문화가 강제하고, 남녀가 함께 가정과 직장을 모두 누릴 수 있는 방법을 찾아야지, 왜 여성만 포기할 수 없는 두 가지 사이에서 괴로워하거나, 결혼과 출산을 기피해야 할까요. 남성에게 그렇듯, 여성에게도 두 가지 모두 필요한데 말이지요.

우리는 양자택일의 선택을 거부해야 합니다. '나는 다 가질 거야.'라는 태도로 뻔뻔하게 선택을 거부해야 합니다. 그 선택이 출산의 진통보다도 고통스럽다는 것을, 어느 쪽을 선택해도 괴롭다는 것을 세상은 모릅니다. 이 틀을 부수지 못하면 오늘날의 엄마들이 아무리 죽을힘을 다해 딸들을 키워 낸들, 딸들 역시 엄마가 지나온 길을 그대로 밟을 수밖에 없습니다. 악순환은 끊임없이 반복될 수밖에 없습니다.

우리는 다 가져야 합니다. 다 가질 수 있습니다. 엄마 세대로서 저는 제 딸 세대가 엄마가 되기 위하여 일을 그만두거나, 일을 그만두기 싫어서 엄마가 되는 것을 포기하는 걸 원치 않습니다. 이 글을 읽는 소녀들이 학교 바깥의 어마어마한 성별 격차에 놀라고 좌절할 일을 생각하면, 아무것도 모른 채 부서지는 햇살처럼 웃고 있는 모습들을 보면 가슴이 아파 옵니다.

제가 한국에서 매우 드문, 자녀가 있으면서도 일을 하는 40대 여성으로 살아가고 있는 이유가 온전히 그것 때문이라고 말할 수는 없지만, 저는 모종의 책임감을 느끼고 있습니다. 작으나마 변화의 단초를 만들기 위해 애쓰고 있습니다. 남자도 부성애를 가질 수 있는 아빠 의무 육아휴직제, 남녀 모두 일과 가정의 균형을 유지할 수 있는 근로시간 단축, 안전하고 신뢰할 만한 보육 시스템 구축 등을 위해 저는 싸울 것입니다. 더 많은 남성들이 공동의 주양육자로 제 몫을 다하도록 촉구하고, 그런 남성들이 쿨하고 멋지며 국가의 미래를 위해 헌신하는 훌륭한 시민임을 널리 선전할 것입니다. 엄마가 일하는 동안 아빠가 휴직하고, 아내가 승진해야 할 때 남편이 뒷바라지하는 것이 이상하지 않은 세상이 되도록 있는 힘을 다해 노력할 것입니다.

모성이라는 것은 여성이 남성과 평등해지기 위해서 넘어야 하는 가장 높은 산봉우리입니다. 모성과 부성이 부모애(父母愛)라는 이름으로 동등해질 때, 여성은 엄마가 되는 것과 되지 않는 것 사이에서 진정 자유로운 선택을 할 수 있습니다. 그러므로 저는 모성 신화를 깨뜨리자고 주장하는 대신, 아빠를 엄마의 자리로 끌어들이자고 제안하고 싶습니다. 무릎이 꺾일 것 같은 이 짐을 남성과 함께 나눠 지자고, 이것은 힘들기는 하지만 황홀한 고통이라고 설득하고 싶습니다. 엄마 혼자서 짊어지고 있는 이 '신화적 사랑'의 일부를 아빠에게 넘기고, 양보하는 것이 반드시 필요합니다. 모성이라는 말이 쓰이는 모든 자리에 부모애라는 새로운 말을 넣을 수 있다면, 거기엔 어떤 차별도 억압도 없이 아이가 마땅히 누려야 할 온전한 사랑만 남으니까요.

여성의 선택은 일과 가정 사이에 있는 것이 아니라 엄마가 될 것이냐, 되지 않을 것이냐 사이에 있습니다. 누구나 엄마가 돼야 한다는 압박에 맞서 여성은 싸워야 합니다. 엄마의 길을 가지 않는 것도 훌륭한 선택입니다. 아이 없는 삶에는 그것대로의 충일한 행복이 있으니까요. 아이가 있어야만 진정한 행복이라고 말하는 것은 저열한 폭력입니다. 반면 아이가 있는 삶에도 그것대로의 충만한 행복이 있습니다. 백합이 아름답냐, 장미가 아름답냐를 두고 논쟁할 필요는 없습니다. 취향이고, 선택일 뿐입니다. 다만 그것은 여성의 선택이어야 합니다. 온전히 여성 자신의 선택이어야만 합니다. 아이 없이 자유롭게 인생을 펼쳐 나가는 것도 용감하고 멋진 삶이며, 아이를 키우며 세계의 구조를 바꾸기 위해 노력하는 것도 멋지고 용감한 삶입니다.

소녀들이여, 그대들은 무엇이든 원하는 것을 선택할 수 있고, 선택해야 합니다. 소녀들이 모성의 돌부리에 걸려 넘어지지 않고, 무엇이든 될 수 있는 세상을 우리는 꿈꿔야 합니다. 그래서 소녀는 엄마가 되는 것이 어떤 일인지 잘 알고 있어야 합니다. 엄마가 되기 위하여, 혹은 되지 않기 위하여.

남자들이 그렇게 아버지가 될 수 있다면

영화 <그렇게 아버지가 된다>

모성에 관한 이야기 중 가장 큰 오류는 모성이 여성에게 태어날 때부터 본능으로 주어져 있다는 겁니다. 아이를 낳은 여성은 저절로 아이를 사랑하게 되어 있다는 건데, 새빨간 거짓말이지요. 모든 부모가 목숨을 바칠 정도로 아이를 사랑하도록 자연 설계되어 있다면 저 많은 아동 학대 사건은 왜 일어나겠어요. 엄마가 아이를 사랑하게 되는 것은 관계의 구축을 통해서예요. 처음 만난 친구와 바로 우정이 생겨나지는 않는 것과 마찬가지입니다.

고레에다 히로카즈 감독의 영화 <그렇게 아버지가 된다>는 아버지의 시점으로 그려지긴 했지만 이 거짓말을 폭로하는 영화예요. 여섯 살배기 아들과 사랑하는 아내를 둔 성공한 비즈니스맨 료타는 어느 날 아이를 낳은 산부인과 병원으로부터 실수로 아이

〈그렇게 아버지가 된다〉
고레에다 히로카즈 감독 | 2013

가 뒤바뀌었다는 전화를 받습니다. 6년간 온갖 정성을 쏟으며 최고의 양육을 해 온 아들 케이타가 자신의 핏줄이 아니라는 말을 듣고 료타가 하는 혼잣말, "역시 그랬었군." 료타는 자신처럼 똑똑하고 잘나지 못한 아들이 마음 한구석에서 늘 못마땅했었던 거죠. 이제 자신의 DNA를 그대로 물려받은 친아들을 데려오면 될 일입니다.

하지만 일이 순탄하게 진행되지 않습니다. 가난하지만 정이 넘치는 유쾌한 집안에서 자란 친아들 류세이를 대하는 것이 쉽지 않고, 류세이도 자신이 살던 곳으로 돌아가고 싶어하지요. 료타의 아내도 케이타를 그리워하며 "역시 그랬었군."이라고 말한 남편을 원망합니다. 냉철하고 이지적인 료타라고 해서 케이타가 그립지 않은 것이 아닙니다. 영화는 바뀐 아들 케이타와 기른 아빠 료타의 갈등과 화해를 통해 "낳은 정보다 기른 정이 더 크다."라는 우리 속담이 진리임을 눈물겹게 보여 줍니다. "닮았다거나 닮지 않았다거나 그런 거에 연연하는 건 아이들과 통한다는 실감이 없는 남자뿐이라고요." 케이타를 낳은 친엄마의 말이 이 영화의 주제인 셈입니다.

'낳은 정보다 기른 정'이라는 말은 친부모와 자식 사이에도 예외 없이 적용되는 진리입니다. 아이는 낯설고 부담스러운 타자의 모습으로 낯설게 엄마에게 당도합니다. 흡사 다리 부러진 아기 새의 모습으로 엄마에게 들이닥치지요. 도망가고 싶고, 두렵습니다. 이 지상 최고의 약자는 끊임없이 어미를 호출하고, 어미는 여기에 응답해야 합니다. 호출과 응답이 반복되고 쌓이면서 아이와 엄마 사이에 사랑이 싹트고, 그것이 모성이 됩니다. 책임감을 뜻하는 영어 단어 'responsibility'가 응답(response)과 능력(ability)의 결합으로 이뤄진 합성어라는 사실은 참으로 절묘하지요. 사랑은 응답입니다. 응답받지 못한 아이는 제대로 자라지 못하고, 응답하지 않는 부모는 아이를 사랑할 수 없습니다. 비단 부모 자식 간의 관계만 그런 것이 아닙니다. 사랑은 근본적으로 응답입니다. 응답하지 않는다면, 사랑이 아닙니다.

그러므로 엄마가 되는 방법은 다양할 수 있습니다. 모성이 반드시 임신과 출산이라는 과정을 겪어야만 발생하는 감정이 아니기 때문입니다. 누군가에게 기꺼이 언제나 응답할 수 있다면, 결혼과 임신과 출산을 생략하고도 엄마가 될 수 있습니다. 입양을 할 수도 있고, 국내에서는 현행법상 불가능하지만, 정자 기증을 받을 수도 있습니다. 너무 급진적으로 들릴 수도 있겠지만, 엄마가 되는 다양한 방법에 대해 우리 사회는 더 너그럽고 익숙해질 필요가 있습니다.

부성 역시 마찬가지입니다. 아버지가 부성애를 강요받지 않는 것은 자궁이 없기 때문이 아니라 아이에게 응답하지 않기 때문입니다. 응답하지 않아도 된다고 사회가 허락했기 때문입니다. 응답하는 아버지와 어머니 사이에는 근본적으로 어떤 위계나 차이도 없습니다. 세상의 모든 남자들이 '그렇게 아버지가 된'다면, 될 수 있다면, 여성에게 엄마가 된다는 것이 더 이상 고통스런 선택만은 아닐 겁니다. 아버지들을 응답하게 하는 것, 응답을 통해 아이와 아버지가 우주적 관계를 맺게 되는 경험, 그것이 우리 사회에는 매우 간절합니다. 한국의 남성들은 료타의 경험을 할 필요가 있습니다. 남자 친구와는 꼭 이 영화, 〈그렇게 아버지가 된다〉를 보세요. 한국의 남자들, 특히 소년들에게는 의식화 교육이 몹시 급하니까요.

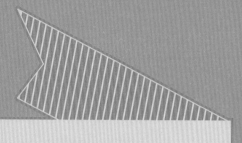

3. 외모 지상주의

예쁜 게 능력이라고?

: 김애라 :

어른이 되고 나서도 늘 10대들의 성장소설이나 성장 드라마에 끌렸고, 대학원에 들어가면서부터는 본격적으로 10대들과 놀고, 시간을 보내고, 또 이들을 연구했다. 석사 재학 시절 여성주의 자기방어 프로젝트를 통해 10대들과 함께한 경험은 지금까지 10대 여성 연구를 이어갈 수 있도록 이끈 가장 큰 원동력이다. 10대 여성들이 소셜미디어에서 놀고 노동하며 성별화된 노동의 장을 형성하고 또 진입하는 내용의 「10대 여성의 디지털노동과 '소녀성 산업'에 관한 연구」로 이화여자대학교에서 여성학 박사학위를 받았다. 한국여성연구원 연구위원이며, 가톨릭대에서 강의하고 있다. 쓴 책으로는 『거침없는 아이, 난감한 어른』(공저), 『언니네 태그놀이』(공저)가 있다.

전쟁터가 된 여성의 몸

아름다움을 위한 치열한 레이스가 끝없이 펼쳐지고 있습니다. 여성들이 '인생샷'을 만들기 위해 수십 장의 셀카를 찍는 일은 흔한 일상입니다. 스마트폰 애플리케이션에서 화사해지기, 눈 키우기, 광대 축소 등을 거치는 이미지 보정도 필수지요. 소셜 미디어의 타임라인은 '얼짱, 페북 여신, 동안 꿀팁, V라인, 베이글'과 같은 말로 어지럽고 블로그에는 '비비 크림 바르기, 쌍액·쌍테(쌍꺼풀을 만들어 주는 본드·테이프) 바르기, 매니큐어 추천' 등의 정보가 넘쳐 납니다.

유튜브에 들어가 보니 한 어린 여성이 화면에 등장해 화장품

파우치에서 각종 화장품을 하나씩 들어 보이며 각각의 정확한 상품명을 소개하고는 이내 화장을 시연합니다. 화장 순서에 맞추어 각 단계별로 필요한 설명을 적절히 곁들이며 조언을 하기도 하지요. 어디 화장법뿐인가요? 팔뚝 살 빼기, 애플힙 만들기, 다이어트 식단 만들기, 여신으로 거듭나는 다이어트 비법….

"당신(여성)의 몸은 전쟁터다(Your body is a battleground)." 이 유명한 문구는 미국의 페미니즘 활동가이자 예술가인 바버라 크루거의 1989년 작품에 등장하는 메시지입니다. 여성의 몸이 개개인에게 속한 것이 아니라 철저히 사회적인 통제 아래에 놓여 있다는 점을 말한 것이지요.

이 메시지는 30여년이 지난 오늘날 여성의 몸을 정의하는 데에도 그대로 들어맞습니다. 세상이 온통 합세하여 여성은 아름다워야만 한다고 말하고 있으니 여성의 몸이 전쟁터가 될 수밖에 없지요. 소셜 미디어에 자기를 전시하고 '좋아요'를 통해 평가받는 오늘날 여성의 몸은 그 어느 때보다 치열한 전쟁터가 되었습니다.

예쁜 게 능력이라고?

다른 사람과의 경쟁에서 이기고, 자기가 가진 장점을 적극적으로 드러내야 하는 오늘날, 여성들에게 외모 가꾸기는 단지 아름다움의 차원이 아닙니다. 외모를 잘 가꾸어야 매력적이고 괜찮은 사람, 자기 계발을 열심히 하는 부지런한 사람, 경쟁력을 갖춘 능력 있는 사람이라는 평가를 받게 되니까요. 예쁜 얼굴을 보여 주는 것만으로도 화제가 되고 인기를 얻을 수 있는 소셜 미디어 시대, 각종 로드숍과 온라인 의류 쇼핑몰을 통해 유행하는 화장품과 옷을 저렴하게 구매할 수 있으며, 유튜브를 통해 쉽게 화장법과 피부 관리법을 배울 수 있는 시대에 외모를 가꾸지 않는 일 따위는 용납되지 않습니다. 유행에 맞는 옷을 입지 않는 여성, 화장을 하지 않는 여성, 통통한데도 다이어트를 하지 않는 여성은 예뻐질 수 있는 기회를 걷어차 버리는 사람, 나아가 자기 관리를 못하고 발전 가능성도 없는 사람이 되어 버리지요. 어느새 외모 가꾸기는 여성들의 의무가 되었습니다.

"예쁜 것도 능력이야."라는 말도 흔히 들을 수 있습니다. 예뻐지려는 노력을 하지 않는 것은 스스로를 발전시키는 노력을 하지 않은 윤리적 차원의 문제가 된 것입니다. 더 나은 외모는 자기를 향상시킨 증거가 되지요. 이런 식으로 여성을 옭아매는 시각은 외모의 문제를 개인의 노력, 능력의 문제로 돌려 버리고 외모 평

가의 화살은 여성 개인에게로 향합니다. 빠르게 업데이트되는 정보와 상품들 속에서 소녀들은 왜 그 정보와 상품이 필요한지, 어째서 외모를 향상시키는 것이 더 나은 자신을 만드는 것과 같은 뜻이 되었는지를 생각할 겨를도 없이 신상 틴트를 사고, 유행하는 헤어스타일을 따라잡고 있습니다.

　상황이 이렇다 보니, 성형을 통해 아름다워진 여성이나 자신의 외모를 자원으로 활용하는 여성들은 질투나 비판의 대상이 되기보다 동경과 부러움의 대상이 됩니다. 유행에 뒤처지고 외모를 가꾸지 않는 여성은 비난과 교정의 대상이 되지요. 이런 상황에서 다이어트를 하고 성형을 하고 신상 화장품을 구매하는 것을 소비 자본주의에 현혹된 여성 개인의 문제로 비판할 수 있을까요? 대부분의 여성이 외모 문제에서 자유롭지 않습니다. 이를 이해하기 위해서는 좀 더 역사적이고 구조적인 시각이 필요해요.

아름다움이 우리를 멸시한다

여성은 태어날 때부터 아름다움에 대한 욕망을 가지고 있을까요? 여성은 원래 반짝거리고 예쁜 것을 좋아할까요? 여성은 원래 다른 여성들보다 더 아름다워지기를 바랄까요?

여성과 아름다움에 관한 연결 고리를 연구한 학자 나오미 울프는 여성들에게 아름다움이 강요되기 시작한 것은 여성이 가정에서 나와 전통적으로 남성의 영역이었던 사회로 진출하기 시작하면서부터라고 이야기합니다. 집안일과 육아에 묶여 있느라 자신들의 목소리를 제대로 낼 수 없었던 여성들이 조금씩 남성 중심 제도에 반기를 들고 자유와 권리를 확보해 나가자 위기의식을 느낀 남성들이 만들어 낸 것이 바로 '아름다움의 신화'라는 것이지요.

아름다움의 신화는 단순히 여성들에게 아름다워질 것을 강요하는 데 그치지 않습니다. 남성의 영역에 진출하려는 행동, 남성의 질서로부터 자유로워지고자 하는 행동을 통제하고 제약합니다. 예를 들어 볼까요? 남성들은 거의 대부분의 직종에서 외모로 인한 제약이 없지만 여성들의 경우는 다릅니다. 항공사의 승무원, 백화점의 판매원, 뉴스 방송의 앵커, 중요한 역할을 따내는 배우, 편의점 아르바이트에 이르기까지 여성들은 보다 어리고, 날씬하고, 아름다울 것을 강요받습니다. 아름다운 외모는 일을 하는 데 꼭 필요한 요소로 여겨집니다. 게다가 자기 분야에서 어렵사리 성공을 했다 하더라도 나이가 들면 더 어리고 아름다운 여성으로 교체되지요.

또한 아름다움의 신화는 여성들로 하여금 다양한 영역에 쏟을 수 있는 관심을 외모 가꾸기에 쏟도록 함으로써 잠재력을 발휘하기 어렵게 만듭니다. 게다가 여성들 간의 의미 없는 경쟁을 부추기기까지 합니다. 이상화된 아름다움이 여성인 우리 모두를 멸시하고 있는 상황이 된 거예요.

더 예뻐지고 더 자유로워진 소녀들?

아름다움의 신화는 이제 소녀들에게도 파고들었습니다. 중학생 소녀들은 용돈이 생기면 화장품 가게로 달려갑니다. 여고생들의 가방 속에는 화장품 파우치가 필수품으로 자리 잡은 지 오래지요. 소녀들은 패션과 뷰티 영역의 정보를 수집하고, 물품을 소비하면서 즐거움을 느끼고 있습니다.

과거에 패션과 뷰티 분야에 관심을 갖는 소녀들은 학생답지 않거나 미성년자에게 걸맞지 않은 영역에 들어서는 것으로 여겨졌습니다. 하지만 오늘날 소비자본과 미디어의 강력한 영향력은 이 통제를 해제하고 있습니다. 소녀들은 여전히 학교와 집에서 통제를 받지만 소비 시장에서는 누구의 간섭도 받지 않고 스스로 선택을 하고 있지요. 화장품을 구매하고, 최신 유행하는 옷을 사 입는 경험은 소녀들에게 통제에서 벗어난 자유의 공간을 제공합니다.

그렇다면 소녀들은 자신의 몸에 대한 통제권을 어느 정도 가질 수 있게 되었다고 이야기할 수 있을까요? 이에 답하기 위해서는 우선 소녀들이 누리고 있는 자유가 어떤 성격인지 살펴볼 필요가 있어요. 로드숍이 즐비한 길거리에서, 소셜 미디어의 프로필 사진들 속에서 소녀들이 만끽하고 있는 것처럼 보이는 '자유'는 자신의 외모를 향상시키는 것, 그리고 이를 위한 상품을 소비할 수 있는 선택과 기회입니다.

여성들에게 아름다움이 일종의 자유와 권리로 포장된 것은 오래되지 않았습니다. 나오미 울프가 지적한 것처럼 20~30년 전만 해도 대부분의 여성은 아름다움을 능력으로 여기는 문화를 차별로 인식했어요. 하지만 1990년대 클럽 문화, TV와 잡지 등의 대중문화와 패션, 미용으로 대표되는 소비자본주의를 거치면서 여성성의 실현은 화장하기, 멋진 옷 입기, 성적인 매력 갖추기와 동의어가 되기 시작했습니다. 화장이나 다이어트, 쇼핑이 남성에게 잘 보이기 위한 것이 아니라 스스로의 만족을 위한 것으로, 여성 스스로가 자아실현하는 방식으로 포장된 것이지요. 그리고 이러한 흐름이 소녀들에게도 그대로 영향을 미치게 된 것이고요.

오늘날 여성은 남성과 동등한 교육을 받고 법적으로도 평등을 보장받고 있습니다. 그러나 과연 평등이 이루어졌다고 할 수 있을까요? 오히려 소비자본주의와 결합하여 더 교묘한 방식으로 차별이 진행되고 있는 것은 아닐까요?

남성의 자기 계발에는 외모 관리가 '선택'이지만 여성의 자기 계발에는 '필수'입니다. 다이어트와 화장은 여성에게만 자유와 권리로 포장됩니다. 외모를 가꾸는 여성은 하나같이 '자기만족'을 위해서라고 이야기하지만, 남성은 여성만큼 자기만족을 위해 외모 관리에 시간과 돈을 투자하지 않습니다. 과연 여성은 스스로를 꾸미면서 자유로워진 걸까요? 세련된 화장으로 당당함을 갖추게 되었나요? 억압은 더 교묘해지고, 차별은 더 강해진 것 아닐까요?

외모 지상주의를 넘어서

여성의 아름다움은 남성성과 대비되는 방식으로 만들어집니다. 즉, 크고 건장한 몸, 근육, 강한 체력 등과 대비되는 가냘픈 몸, S라인, 어리고 예뻐 보이는 얼굴처럼 말이지요. 이런 몸은 필연적으로 신체적 약함으로 이어집니다. 남성성과 대비되는 신체는 남

성에게 보호받고 도움을 받아야 하는, 남성의 폭력에 무기력할 수밖에 없는 몸이 됩니다.

오늘날 아름답다고 여겨지는 여성의 외모는 단지 미적 감각의 영역에 있다기보다 남성의 외모와 여성의 외모를 다른 시각으로 바라보는 성별화의 문제에 있어요. 여성성의 핵심으로 여겨지는 아름다움은 '약함'을 바탕으로 하고 있으며, 우리 사회에서 여성이 어떠한 역할을 할 수 있는지, 혹은 할 수 없는지를 결정하는 데 중요한 근거로 쓰입니다. 약한 몸으로 할 수 있는 일은 당연히 제한되겠지요.

거의 대부분의 여성은 '외모'와 관련해서 차별을 경험해 보았을 것입니다. 여성에게 외모가 곧 능력이고 자기 계발이 지상 과제가 된 지금, 이 글은 어쩌면 힘이 없을지도 모릅니다. 여성에게 아름다움을 강요하는 거대한 소비자본과 미디어에 맞서 싸우는 것은 어렵습니다. 하지만 우리 각자가 스스로를 외모라는 한 가지 기준으로 바라보지 않는다면, 단일한 아름다움의 신화가 점차 힘을 잃게 되고 아름다움의 기준은 여성들의 수만큼이나 다양해질 것이라고 믿습니다.

최근 할리우드 여배우들이 남배우들과는 달리 자신들에게만 가해지는 외모에 대한 과도한 관심과 엄격한 기준에 대해 공개적으로 비판하기 시작했습니다. 우리가 익히 알고 있듯, 여배우에게는 아름다운 외모와 뛰어난 패션 감각이 필수적인 조건으로 요구되지요. 남배우에게는 '개성파 배우, 연륜이 묻어나는 배우' 등과 같이 각기 다른 매력으로 평가하고 그에 걸맞은 다양한 배역을 주지만, 여배우는 대체로 나이와 외모로 등급을 매기고 평가합니다. 이러한 현실에 맞서기로 한 몇몇 여배우들은 영화 시상식에서 '여성들의 건강을 위해' 하이힐을 벗어던지는가 하면(엠마 톰슨), 여배우의 몸을 위아래로 훑는 카메라 기자에게 "남자들한테도 그래요?"라고 일침을 날리기도 합니다(케이트 블란쳇).

누구나 부러워하는 아름다운 외모를 가졌음에도 불구하고, 이들은 왜 자신의 외모에 관해 이야기하는 것을 멈추어 달라고 말할까요? 아름다운 여성으로만 인식되는 여배우에 관한 편견이 자신들이 진정 하고 싶은 일인 연기를 통해 좋은 작품을 만드는 것에 몰두하는 것을 방해하며, 나아가 그 일에 대한 정당한 평가를 어렵게 만든다는 것을 깨달았기 때문입니다. 자신에게 강요되는 아름다움의 신화가 자신이 어떤 사람이 되고 싶은지를 스스로 규정하는 것을 어렵게 만들기 때문입니다.

세계적인 팝스타 마돈나는 자신의 SNS에 제모하지 않은 겨드랑이, 그러니까 '겨털'을 찍은 사진을 올려 강요되고 있는 아름다움에 문제 제기를 했습니다. '제모'라는 여성의 아름다움에 관한 규범을 지키지 않는다고 해서 '음악인 마돈나'라는 자기 자신의

가치가 훼손되는 것이 아니라는 메시지를 전달한 것이지요. '제모'를 통해 만들어지는 '여성다운' 겨드랑이가 그 여성이 가진 능력과 정체성을 규정할 수 없다는 메시지를요.

중·고등학교의 100미터 달리기 기록을 재는 체육 시간. 여학생들이 한 손으로 앞머리를 이마에 꼭 붙인 채로 달리고 있습니다. 머리카락이 날려 흉해지는 게 싫기 때문이지요. 이런 자세로는 당연히 빠르게 달릴 수 없습니다. 그럼에도 이런 자세로 달리는 이유는, 빨리 달리는 것보다 예쁜 모습을 유지하는 것이 더 중요하기 때문입니다. 빨리 달리는 것만이 가장 중요한 그 짧은 시간에도, 여학생들은 자신을 평가하는 타인의 시선에서 자유로울 수가 없습니다.

이런 사회에서 여성들은 늘 주눅 들고, 다른 사람의 평가를 신경 쓰는 데 에너지를 다 써 버리는 게 어찌 보면 당연합니다. 여러분이 외모에 대한 타인의 시선을 완벽하게 무시하고, 원 플러스 원의 신상 틴트를 보고 눈을 감는 일이 쉽지는 않겠지요. 그러나 적어도 체육 시간에는 휘날리는 머리카락 사이로 드러나는 이마보다 달리기 기록에, 수영장에서는 튀어나온 옆구리 살보다 물속의 포근한 느낌에, 과제를 발표하는 교실에서는 화장이 잘된 얼굴보다는 자신감 넘치는 표정과 목소리에 더 집중해 보기를 제안합니다.

외모가 여성을 평가하는 중요한 잣대이고, 화장이나 다이어트를 하는 것이 여성의 당연한 일상이자 의무가 된 것은 앞에서 짧게 설명한 것처럼 자연스러운 현상이 아니라 특정한 의도 속에서 만들어진 결과입니다. 그동안 많은 여자 선배들이 여성에게 가해지는 차별적 기준에 대해 "남성에게도 그런 기준을 적용하나요?"라고 질문한 것처럼 여러분도 여성과 아름다움의 연결 고리에 관해 질문을 던져 보세요. "왜 내가 아름다워져야 하지?, 아름다움에 대한 기준은 왜 다 똑같지?, 예쁜 게 어째서 능력이 되는 거지?, 왜 남성은 여성만큼 외모 관리를 안 하지?"

질문을 계속하다 보면 아름다움의 기준에 못 미친다고 주눅드는 대신, 우리 여성에게만 강요하는 아름다움의 기준을 부당하다고 인식할 수 있는 지혜와 부당하다고 당당히 말할 수 있는 용기가 생길지도 모릅니다. 여성에게 끝없이 아름다움을 강요하는 이 부당한 세계를 바꾸는 유일한 힘은 지혜와 용기가 아닐까요?

비너스의 몸에 물음표를 던지자

생트 오를랑과 데비 한의 작품

여성의 몸과 아름다움이라는 기준에 관한 고민을 보여 주는 두 예술가의 작품을 소개합니다. 생트 오를랑과 데비 한이 바로 그 주인공이에요.

생트 오를랑은 1990년대 '성형수술 퍼포먼스'를 통해 유명해진 프랑스 행위 예술가입니다. 오를랑은 우리의 몸, 특히 여성의 몸에 가해지는 종교적·정치적·문화적 압력을 비판, 패러디했지요. 대표적인 작품인 '성형수술 퍼포먼스'에서 오를랑은 자신의 몸을 캔버스 삼아 서구의 남성 작가들이 탄생시킨 여성의 아름다움을 다룬 명화들을 패러디했어요. '비너스'의 턱, '프시케'의 코, '유로파'의 입술, '다이아나'의 눈, '모나리자'의 이마로 성형수술을 한 것이지요. 오를랑은 이 모든 수술 과정을 생중계합니다. 이는 서

앉아 있는 세 명의 여신(Seated Three Graces) | 데비 한 | 2009

구, 남성, 백인 중심적인 미의 기준에 해당하는 아름다운 여성의 이미지를 하나로 합성함으로써 미의 기준이 모순적이라는 것을 밝히려는 퍼포먼스였습니다.

데비 한은 한국계 미국인 예술가입니다. 데비 한은 익숙한 이미지를 교묘하게 비틀어서 사회에 무비판적으로 공유하는 아름다움의 기준에 문제를 제기하는 작품 활동을 해 왔어요. 특히 〈여신들(Graces)〉라는 작품에서는 서구 고전미를 대표하는 비너스 두상에 평범한 한국 여성의 늘어진 뱃살과 6등신의 다양한 몸을 합체하여 동양과 서양의 이질적인 미감을 보여 줍니다. 동양에 만연한 서구 지향적인 아름다움의 기준에 대해 비판적인 질문을 던지고 있는 것이지요.

4. 대중문화

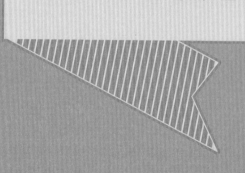

'소녀다움'에 대해 묻다

: 윤이나 :

'미쓰 윤' 혹은 '윤 알바'로 20대를 버티고 보니 윤 작가, 윤 기자, 윤 평론가, 윤 칼럼니스트, 심지어는 윤 편집장으로도 불리는 오늘을 살고 있다. 보통은 무엇인가를 쓰는데, 그중 일부가 책 『미쓰 윤의 알바일지』로 묶여 나왔다. 내가 갖고 싶은 페미니즘 굿즈를 만들면서 여성 단체를 후원하는 '와일드 블랭크 프로젝트' 치마사장으로 불릴 때도 있다. 어딘가에 속하지도 않고 어떤 직함을 가지고 있지도 않아 사람들이 어떻게 불러야 할지 모르는 존재로 사는 것도 그럭저럭 멋진 일이라고 생각한다. 그래서 앞으로도 그냥 윤이나. 아빠가 이름은 참 잘 지어 주셨다.

#여자답게

'여자답게'라는 말 다음에 올 수 있는 표현은 몇 개나 될까요? 여성 위생 용품 브랜드인 '위스퍼'에서 '#여자답게'라는 구호를 걸고 새로운 캠페인을 시작했을 때, 이 단어로 만들 수 있는 문장은 의외로 참 빈곤한 것들이었습니다. '여자답게'라는 단어를 보면 다리를 모으고 앉고, 무릎이 살짝 스치게 단정한 걸음걸이로 걷는 모습만 떠올랐습니다. 공격적이거나 강한 문장과는 어울리지 않는 것처럼 느껴졌어요. "여자답게 걸어.", "여자답게 행동해.", "여자답게 앉아.", "여자답게 말해."와 같은 문장이 척척 만들어졌지만 끝내 진짜 정답은 맞히지 못했습니다. 이 캠페인의 완성된 문장은 이렇습니다. "여자답게 멈추지 마(Keep playing like a girl)."

　광고의 초반, 성인 여성들과 남성들, 그리고 소년들은 '여자답게' 달리라는 주문에 손과 발을 어색하게 팔랑거리고 머리를 만지거나 대충 움직이며 달립니다. 그러나 이어 등장한 10대 소녀들에게 '여자답게' 달려 보라고 말하자, 소녀들은 '그냥' 달립니다. 팔과 다리를 빠르게 움직이면서, 땀을 닦고, 있는 힘껏 공을 던지기도 하지요. "내가 '여자답게' 달려 보라고 했을 때 어떤 의미로 들렸나요?"라는 감독의 질문에 한 소녀는 답합니다. "최대한 빨리 달리라는 뜻으로요." 그 모습을 본 성인 여성들에게 다시 '여자답게' 달

리는 것이 어떤 의미인지를 묻자 그들은 답합니다. "'나답게' 달리는" 것이라고. 그리고 다시 '여자답게' 달려 보길 요청하자, 이들은 어떤 과장된 동작도 없이 달리기 시작했습니다. 할 수 있는 한 가장 빠르고 힘 있게, 원래의 가장 자연스러운 모습으로요.

캠페인이 가리키는 방향은 명확합니다. '여자답게'라는 말의 굴레에서 벗어나 자기 자신이 되는 것, 그래서 아무 죄가 없는 '여자답게'라는 말을 자유롭게 하는 것입니다. 여자답게 행동한다는 것은 '조신하게'나 '얌전하게' 행동하는 것과 전혀 다른 의미임을 알고 나면, "여자답게 굴어."라는 말을 들었을 때 "내가 여자이기 때문에 나의 자연스러운 행동이야말로 여자다운 행동이다."라고 답할 수 있게 됩니다. 언어에 덧씌워진 부정적 의미를 벗겨 내고 원래 상태로 돌아가게 하는 것만으로 많은 것이 바뀔 수 있습니다. 또한 '여자답게' 다음에 이어지는 표현을 대부분 명령문으로 사용하고 있다는 것을 생각해 본다면, 여자다움이라는 것에 사회적인 강요가 숨어 있다는 사실 역시 알 수 있지요.

한국에 이 캠페인이 소개되었을 때 첫 주자로 나선 것은 바로 운동선수들이었습니다. 태권도 국가 대표 김소희, 배구 국가 대표 김연경, 스피드 스케이팅 국가 대표 이상화 선수 등이 자신에게 강요되었던 '여자답게'라는 말을 멋지게 뒤집었지요. '운동하는 여자'를 대하는 시선은 이들을 '여자답지 못한 여자'로 만들었습니다. 하지만 자기 분야에서 세계적인 수준에 올랐음을 인정받은 선수들은 제대로 된 발차기를 하고, 강스파이크를 날리고, 세상 그 누구보다 빠르게 스케이트를 타는 것이 바로 여자다운 것이라고 말합니다. 이들의 목소리를 통해, 무엇보다 사춘기 소녀들이 여자답지 않다는 이유로 운동을 멀리하지 않도록 돕는 것이 이 캠페인의 궁극적인 목적이라고 할 수 있습니다. 다리가 두꺼워진다거나 어깨가 넓어진다거나 보기에 아름답지 않은 근육이 생긴다는 이유로 운동을 피하지 않고, 멈추지 않을 수 있도록 말입니다.

걸그룹 보존과 유통의 법칙

'여자답게'라는 말을 가장 일상적으로 마주하고 있는 소녀들은 어떤 식으로 '소녀답게'를 강요받고 있을까요? 이 질문에 답하기 위해서는 소녀가 어떤 존재인지부터 물어야 합니다. 10대 소녀로 살아가는 이들을 제외하고, 한국 사회에서 대부분의 사람들이 인식하는 소녀는 과연 어떤 모습일까요?

바로 걸그룹입니다. 실제 소녀 시절에 데뷔해 성인이 된 이후에도 계속 걸그룹의 멤버로 살아가는 이들이 대중이 보는 소녀입니다. 청소년을 시청자층으로 하는 TV 프로그램이 거의 존재하지 않는 지금, TV를 통해 만날 수 있는 소녀의 이미지는 오직 걸그룹의 이미지뿐입니다. 이들의 이미지는 보통 '청순'과 '섹시'로 갈리는데, 이 두 이미지 사이에서 무엇을 선택할지, 어떻게 변화시킬지가 걸그룹의 생존 전략이기도 하지요. 청순하고 순수한 이미지로 데뷔해 성숙한 이미지를 덧입는 보통의 과정은 일반적인 소녀의 성장 과정으로 여겨집니다. 걸그룹 멤버들이 보여 주는 외모 역시 소녀들이 갖추어야 할 조건인 것처럼 생각되지요. 걸그룹이 만들고 또 반복해서 재생산하는 이미지가 곧 소녀들의 모델이 되는 것입니다.

물론 우리 사회에서 걸그룹에게 요구하는 모든 조건을 10대 소녀들에게 요구하고 있다는 의미는 아닙니다. 하지만 미디어를 통해서 볼 수 있는 소녀의 기준이 걸그룹이 보여 주는 '소녀다움' 밖에 없기에, 소녀들은 이 기준을 쉽게 내면화하게 됩니다. 대다수의 걸그룹 멤버는 혹독한 다이어트를 통해 마른 몸매를 유지하는 동시에 음식을 먹음직스럽게 잘 먹고, 어떤 상황에 처하든 밝게 웃고 애교로 넘기는 인성 또한 갖추기를 강요받지요. 이러한 '극한 직업'의 이면을 쉽게 접할 수 없는 소녀들은 미디어가 비추는 걸그룹의 기준에 맞추기를 요구받고, 또 그 기준을 쉽게 받아들이게 됩니다. 걸그룹 소녀들을 저도 모르게 부러워하고, 걸그룹 소녀들의 얼굴과 몸매, 행동이 '소녀답'고 여기게 되는 것이지요.

101명의 여성 연습생들이 걸그룹 데뷔 서바이벌을 펼쳤던 Mnet 〈프로듀스 101〉 출연자들의 평균 나이는 19.6세였습니다.

이들 중 최종 11명에 뽑혀 데뷔에 성공했으며 현재 걸그룹 '구구단'의 멤버로 활약 중인 미나는 서바이벌 중에 몸매 때문에 비판의 탈을 쓴 비난을 받아야 했습니다. 이에 대해 미나는 공개적으로 "살 뺄게요."라고 말해야 했지요. 성장기임에도 제대로 된 영양 섭취도 하지 못할 정도로 체중을 감량해서 존재하지도 않는 '33' 사이즈를 언급할 정도의 마른 몸매를 유지하는 것이 걸그룹으로서 암묵적으로 지켜야 하는 기준이라고 합니다. 그런데 과연 보통의 소녀들에 대한 기준이 이보다 훨씬 낮다고 할 수 있을까요? '정상 체중 여학생의 50.7%가 스스로 비만이라고 답했다'는 「2016년 성인지 통계 : 서울시 여성과 남성 건강 실태 분석」 보고서의 조사 결과는 보통의 소녀들에 대한 기준 또한 가혹하다는 것을 보여 줍니다. 남학생 중 같은 답변을 한 비율은 30.7%였는데, 실제 비만율은 13.7%로 여학생의 두 배가 넘었다지요.

이런 상황에서 2016년 봄, 걸그룹의 '먹방'을 말 그대로 구경거리로 만들었던 JTBC 예능 프로그램 〈잘 먹는 소녀들〉을 향해 대중의 비판이 쏟아진 것은 의미 있는 진전입니다. 이 프로그램은 아무 음식이나 잘 먹기를 바라는 동시에 마른 몸매를 유지하길 바라는 대중의 이중적인 심리를 자극하는 프로그램이었지요. 걸그룹 멤버들이 남성 방청객이 보는 가운데 끝없이 '예쁘게, 빨리, 많이' 먹기를 강요당하는 이 프로그램은 수많은 시청자들의 지탄을 받았고 결국 형식을 변경했습니다.

마른 몸매에 대한 중압감은 실제 걸그룹 멤버들로 하여금 필요 이상의 심각한 다이어트를 시도하게 합니다. 그래서 활동할 때마다 무리한 방식으로 8~10킬로그램가량을 감량해야 하는 걸그룹 멤버에게 거식증은 필연적으로 찾아올 수밖에 없는 질환입니다. 하지만 대중의 시선은 오직 그들이 '잘 먹는 소녀'로 남기를 바랄 뿐, 잘 먹으면서 최소 정상 범위 이하의 몸무게를 유지하기 위해 어떤 비정상적인 고통을 감내해야 하는지를 바라보지 않았습니다. 이들이 '눈 가리고 아웅'을 반복하는 사이에 극단적으로 식사량을 줄이는 걸그룹의 다이어트 방법이 유통되고, TV 화면에서는 체력을 유지하기 위해 반드시 필요한 근육이 매끈하게 제거된 몸이 아름다운 것으로 비춰지는 상황이 반복됩니다.

'오마이걸'의 멤버 진이와 기획사가 활동 중단의 이유를 거식증으로 밝히고 인정한 것은, 이러한 상황이 더는 반복되어서는 안된다는 의지를 가지고 경고의 신호를 보낸 것이나 다름없습니다. 물론 이 경고를 받은 사람은 걸그룹의 멤버뿐만 아니라 모든 소녀들이지요. 소녀다운, 걸그룹다운 외모나 몸매는 존재하지 않는다는 것. 세상이 기대하는 규격에 몸을 맞춰서는 안 된다는 것. 그런 '소녀답게'라면, 거부해야 한다는 경고인 것입니다.

'소녀답게'를 자유롭게

미디어에서 주입하는 소녀의 이미지를 '소녀답게'의 기준으로 삼지 않는 것이 쉬운 일은 아닙니다. 미디어는 주 소비층을 성인으로 가정하고 있기 때문에 성인의 시선으로 본 소녀의 이미지를 비슷한 방식으로 계속 만들어 내고 있습니다. 그러니 소녀들이 '소녀다움'을 '나다움'으로 바꿔서 생각하기란 여간 어려운 일이 아니지요.

10대를 주 소비층으로 하는 K-pop 문화와 게임, 웹툰에서 흔히 볼 수 있는 여성 혐오 또한 소녀를 편견 속에 가둡니다. 팬으로서의 소녀들은 종종 자신의 스타가 별생각 없이 드러내는 여성 혐오를 접하게 됩니다. 게임 안의 여성 캐릭터는 또 어떤가요? 10대가 가장 많이 소비하는 문화인 웹툰 속 소녀는 또 어떤 모습인가요? 걸그룹과 같은 얼굴과 몸매를 지니면서 민망할 정도의 노출을 하고, '귀엽거나 섹시한' 모습만을 보이는 게 대부분입니다.

대중문화 전반에서 소녀들은 행위와 감정의 주체가 아닌 '대상'에 불과합니다. 나아가 '무해하고 만만할 것'까지 요구받습니다. 소녀들의 성장을 보여 주는 것도 '순수에서 섹시로'밖에 없습니다.

사회가 강요하는 '소녀답게'와 내가 생각하는 '소녀답게'의 차이를 발견해야 하는 이유가 바로 여기에 있습니다. 여러분이, 여러

분으로서, 여러분의 언어로 '소녀답게'에 대해서 말할 때, 비로소 이전까지의 소녀 이미지를 넘어선 진짜 소녀가 될 수 있습니다. 내 나잇대 여성으로서의 나를 찾는 것, 소녀로서의 나를 자각하고 여성으로서 사회에서 받는 대우를 인식하는 것. 이것이 바로 페미니즘입니다.

그렇기에 페미니즘은 종종, 실은 자주 불편함을 일으킵니다. '방탄소년단'의 일부 노래 가사가 여성 혐오로 지적받았을 때 함께 소환되었던 노래는 바로 '블락비' 지코의 솔로곡 〈Boys and Girls〉였지요. 이 쉽고 신나는 노래를 열심히 따라 부르다 보면, 후렴마다 반복되는 문제의 가사와 마주하게 됩니다. "아름다운 여자는 대접받아야 해"라고 말하는 남자가 있고, 그 남자가 마음껏 "오빠가 무리"해서라도 너를 대접해 주겠다고 말합니다. '그렇구나' 하고 그냥 넘어갈 수도 있습니다. 하지만 이 노래에서 아름답지 않은 여자는 과연 어디에 있는지 한번 질문을 던져 보세요. "오빠가 무리"해서 대접을 하는 동안 "넌 그냥 옆에서 편하게 그루브 타기만 해"도 된다는 말이 왜 여성 혐오인지를 고민하는 것은 이 노래의 밝고 신나는 멜로디, '그루브'를 즐기는 것에 방해가 되는 불편한 일입니다. 그 불편함을 기꺼이 감수하고 고민할 때 이 노래 속 'Girls', 곧 소녀들 앞에만 'but'이 붙는 이유를 알게 됩니다. "나는 소년이고 너는 소녀야. 나는 소년이지. 하지만 너는 소녀야.(I'm a boy you're a girl. I'm a boy but you're a girl.)" 아름다운 여자를 대접하겠다는 소년이 '하지만' 너는 소녀라고 말하고 있습니다. '하지만 너는 소녀야. 소녀니까 가만히 있어. 하지만 너는 소녀야. 소녀니까 내 말을 들어…' 이 제약은 '소녀답게'의 제약과 다르지 않습니다.

결국 우리의 숙제는 불편함을 견뎌 내고 '소녀답게'를 자유롭게 하는 것입니다. 위스퍼의 '#여자답게' 캠페인에서 이 말에 가장 편견을 갖지 않았던 건 10세 이하의 소녀들이었습니다. 가정과 사회에서 여자답기를, 소녀답기를 요구받은 시간이 짧을수록 소녀들은 언어의 편견에서 자유로웠습니다. TV를 덜 보고, 더 많이 뛰어놀고, 자기 또래의 친구들과 더 많은 시간을 보냈을 소녀들만이 '여자답다는 것은 나다운 것'이라고 말할 수 있었습니다.

우리가 다시 여자답게, 또 소녀답게, 그리하여 나답게 살기 위해서는 무엇을 해야 할까요? 결국 여자답고 소녀다운 것이 무엇인지를 묻고, 나다운 나를 찾아가는 수밖에는 없습니다. 닮아 있는 서로를 바라보면서 말이지요. 그리고 대중문화의 창작자들 역시 고정된 이미지와 편견, 상상 속의 그림을 넘어선 소녀들을 발견해 줄 필요가 있습니다. 불편하고 어렵더라도 그렇게 해야만 합니다. 그게 바로 우리가 일상 속에서 여자답게 멈추지 않고 살아갈 수 있는 방법 중 하나가 될 것이기 때문입니다.

우리에겐 '여성' 영웅이 필요하다

영화 <고스트버스터즈>

어린 시절에 가장 좋아했던 이야기 속 캐릭터는 『작은 아씨들』에 나오는 마치 집안의 둘째 딸 '조'였어요. 조가 꿈꾼 직업이 작가였던 것은, 제가 글을 쓰는 직업을 갖게 된 이유와 무관하지 않습니다. 롤모델이라는 단어조차 모를 때였지만, 본받고 싶은 여성은 19세기 소설 속의 소녀 하나뿐이었지요.

주변 사람들은 조가 '남자로 태어났다면' 훨씬 더 많은 일을 했을 것이라고 이야기합니다. 하지만 조는 이런 이야기에 아랑곳하지 않아요. 망아지처럼 뛰어다니며 사건 사고를 만들기도 하고 하고 싶은 대로, 살고 싶은 대로 자유롭게 살아갑니다. 하지만 조 역시 종종 "내가 남자였다면 가족에게 도움이 되었을 텐데"와 같은 말을 합니다. 남자였다면 아버지를 따라 참전해 싸울 수 있었

〈고스트버스터즈〉 | 폴 페이그 감독 | 2016

을 텐데, 남자였다면 '여자라서 안 돼'라는 말 따위는 듣지 않았을 텐데, 남자로 태어났다면 큰일을 할 수 있었을 텐데….

　보통 주변에서 이런 말을 듣는 여자아이들은 '나는 왜 여자로 태어났을까?' 하는 의문을 갖게 됩니다. 하지만 정작 가져야 할 의문은 '내가 왜 (큰일도 못하는) 여자로 태어났을까?'가 아니고 '여자는 큰일을 하지 못하는가?'가 아닐까요? 하지만 '큰일을 하는 여자, 무언가를 성취한 여자'를 보지 못했기 때문에 편견에 정면으로 반박하는 의문 자체를 떠올리는 일이 쉽지 않은 것이지요.

　우리는 지금껏 악의 무리와 싸우는 다섯 명의 영웅이 있을 때 '4번 핑크'만 여자인 것을 계속 지켜봐 왔습니다. 멋진 일을 해내는 한 집단의 인물들 중에는 여성이 없거나, 홍일점으로 구색을 맞춘 경우가 대부분이고요. 이런 상황을 반복해서 보여 주는 대중문화에 둘러싸인 채 살아가다 보면, 오히려 여성이 앞에 나서는 서사가 어색하게 느껴지게 되는 것이지요.

리부트 영화(컴퓨터를 재시동하는 것과 같이 어떤 시리즈 영화에서 연속성을 버리고 작품의 주요 골격이나 등장인물만 차용하여 새로운 시리즈로 다시 시작하는 영화) 〈고스트버스터즈〉가 한국에서 개봉하기 전, 인터넷상에서 화제가 된 사진이 한 장 있습니다. 〈고스트버스터즈〉의 전통 작업복을 입고, 유령 잡는 무기인 프로톤 팩을 멘 소녀가 영화의 주인공 중 한 명인 배우 크리스틴 위그와 하이파이브를 나누는 모습이 담긴 사진이었지요. 이 한 장의 사진은 이 영화의 존재 의의를 정확하게 설명하고 있습니다. 여자들로만 구성된 〈고스트버스터즈〉 멤버들은 소녀들이 닮고 싶은 히어로로, 되고 싶은 영웅의 모습으로 그 속에 존재하고 있는 것입니다. 다시 말해 '뉴욕을 구하는 나를 닮은 여성'을 발견하게 되는 것이지요.

〈고스트버스터즈〉의 또 다른 주인공이며 흑인 여성인 레슬리 존스는 〈오프라 윈프리 쇼〉에 출연해서 "나를 꼭 닮은 여성(오프라 윈프리)이 TV에 나오고 있다는 사실 덕분에 흑인 여성 코미디언으로서의 꿈을 꿀 수 있었다."라고 고백하기도 했어요.

우리에게는 더 많은 여성의, 더 많은 여성 영웅의 서사가 필요합니다. 그리고 그 이야기를 보고, 듣고, 함께 나눌 사람들이 필요하지요. 여자도, 아니 여자라서 큰일을 해낼 수 있다는 것을 알고 있고, 믿고 있는 사람들. 그 사람은 바로 여러분이어야 합니다.

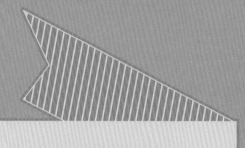

5 온라인과 여성 혐오

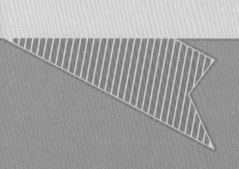

개념녀는 필요 없어

: 김홍미리 :

여성주의 연구 활동가. 딸 많은 집 막내로 태어나 '아들 되다 만 안타까운 딸'로 꼬박 스무 해를 살았다. 열아홉 되던 그해 페미니즘을 만나면서부터 너 나 할 것 없이 달려들어 삭제하기 바빴던 '나'라는 존재를 복구하기 시작했고, 이후 페미니즘은 삶의 토대가 되었다. 10대 딸(들)과 심심찮게 신경전을 벌이는 보통의 엄마이자 젠더폭력 연구자이다. 쓴 책으로 『페미니스트 모먼트』(공저), 『그럼에도 페미니즘』(공저), 『가정폭력, 여성인권의 관점에서』(공저) 등이 있다.

이런 세계

한때 저는 온라인 세상에 대한 환상이 있었습니다. 이메일 계정을 처음 만들었던 1996년 당시, 저를 포함한 페미니스트들은 "온라인 세상에는 성차별이 없을 거야." 하며 들떠 있었고, 심지어 온라인의 탄생이 성차별을 극복하고 평등을 가져올 것이라는 환상까지 가졌던 것 같습니다. 온라인 세상에서는 성별을 드러낼 필요가 없고, 남자와 여자의 차이 같은 것은 크게 부각되지 않으리란 기대감 속에서요.(사실 자판을 두들기는 일에 무슨 힘이 들겠어요!)

온라인 공간을 떠올려 보세요. 접속과 동시에 여성을 성적 대상으로 묘사하는 수많은 글이나 이미지를 만나게 될 거예요. "살

며시 노출한 아찔 각선미", "하의 실종 패션으로 볼륨 몸매 과시"처럼 여성의 몸을 부위별로 보여주는 사진과 자극적인 멘트들은 이제는 너무 흔해서 문제 삼기도 어색할 지경입니다.

이렇게 여성 혐오(misogyny)가 만연한 지금의 온라인 공간을 생각하면 당시의 제 생각이 얼마나 천진하고 아둔한 것이었나 싶습니다. 여성에 대한 혐오가 선명하게 눈앞에 펼쳐지기 전까지 온라인 공간의 익명성을 '평등'을 의미하는 것으로 기대했던 것 같습니다. 정보 격차 문제가 생길 수 있지만, 이용자 숫자가 비슷해진다면, 누구나 온라인 유저로 살아가기만 한다면, 같이 목소리를 낼 수 있다면, 현실 세계의 불평등이 그대로 재현되지 않을 것이라고 상상했었던 것이지요.

하지만 여러분도 알다시피 온라인 공간이 평등할 것이라는 환상은 그 시작과 함께 보기 좋게 빗나갔어요. 모든 사람들이 온라인 세상에 진입하는 일이 가능하다 하더라도 현실 세계에 쌓여 있는 문제들이 온라인 공간 안에서 저절로 해소되지는 않았습니다. 인터넷을 사용하는 여성의 비율이 남성과 큰 차이를 보이지 않는 지금도 여성 혐오가 온라인 세상에 이렇게 넓게 퍼져 있는 것을 보면 답은 뚜렷해지는 듯합니다.

남성과 여성의 권력관계는 온라인 공간에 그대로 반영되었을 뿐만 아니라 오히려 불평등을 확산시키고 있습니다. 익명성이 보장된 공간에서 남성은 보다 손쉽게 여성을 '사용'할 수 있게 되었지요. 제가 '사용'이라는 단어를 쓴 까닭은 여성을 남성과 똑같은 '사람'으로 보는 것이 아니라 '물건'처럼 대한다는 뜻이에요. 온라인 공간에서 여성은 살아 움직이는 생명이기보다 하나의 '이미지'로 보여지고, 물건처럼 취급되고 있습니다.

　웹툰이나 게임에서 여성의 몸은 끝없이 성적으로 묘사되고 있고, 여성은 '김치녀', '된장녀'라는 이름으로 묶여서 '무개념', '과소비'의 대명사가 되어 갔습니다. 여기에다가 '맘충', '삼일한', '성괴', '상폐녀' 등과 같이 남성들은 그야말로 다양한 상상력을 발휘하여 여성을 비하하고 있습니다. 하나하나의 풀이를 보면 이런 표현들은 여성에게서 존엄을 제거하는 말들이지요. 이런 단어의 탄생은 여성의 낮은 지위를 반영하는 것이기도 해요. 게다가 여성에 대한 폭력을 마치 유머인 것처럼 드러낸다는 점도 문제이고요. 이러한 말을 만들고 퍼뜨리는 데에는 어떠한 브레이크도 작동하지 않고 있는 실정이에요.

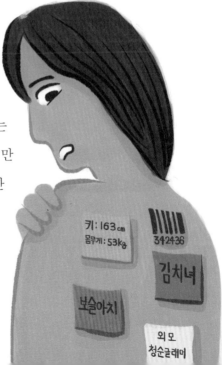

이런 일들은 여성을 물건으로, 도구로 '사용'하는 감각을 익숙하게 만듭니다. 여성들은 이런 감각을 그대로 받아들일 수도 없고, 그렇다고 온전히 거부할 수 있는 위치에 있지도 않습니다. 여러분은 온라인 세상에서 비웃음과 비난의 소재가 되는 여성들과 어떻게 다른가요? 여러분 자신과 온라인 세상에서 묘사되는 '여성'은 완전히 다르다고 구분 짓는 방법 말고, 온라인 세상에서 살아갈 방법이 있기는 한 걸까요? 그런데 그 '여성'들과 여러분은 전혀 다른 집단이라고 할 수 있을까요?

김치녀 VS 개념녀?

온라인 세상에서 혐오 표현들은 참 다양한 내용과 방식으로 떠돌아다니고 있습니다. 어떤 사람들은 인터넷에 접속하지 않거나 SNS를 사용하지 않는 방식으로 혐오 표현을 피하기도 하지요. 하지만 온라인 혐오 표현의 출처는 대부분 오프라인이라는 걸 기억할 필요가 있습니다. 온라인과 오프라인은 동떨어진 시공간이 아니고, 서로가 서로에게 영향을 미치면서 여성에 대한 혐오를 강화해 가고 있어요. 오프라인은 오래된 여성 혐오의 기원이 되어 주고, 온라인은 오프라인에서 할 수 없었던 것들의 실험 무대가 되어 주는 방식으로 말이지요.

'삼일한'은 '여자는 3일에 한 번은 패야 한다.'는 뜻인데, 이런 식으로 여자를 폭력으로 다스려야 한다는 생각은 이미 오프라인 세상에도 있었습니다. 2005년 '개똥녀'를 시작으로 매년 업그레이드 된 OO녀 시리즈(신상녀, 루저녀, 명품녀, 패륜녀 등)도 오프라인 세상에서 여성을 가리키는 말들과 연결됩니다. 근대 이후 여성을 가리키던 말인 '모던 걸', '신여성', '아프레 걸'(허영에 들뜨고 쾌락에 치중하는 여자), '양공주'(미군 병사를 상대로 몸을 파는 여자), '공순이'의 후속 주자로 '김치녀'나 '된장녀'라는 이름이 선택되었을 뿐이지요.

이렇게 여성을 집단적으로 묶어 이름을 붙이는 것은 '내' 손가락 끝으로 '그' 여성을 지목함으로써 손쉽게 '깨끗하고 정의로운 나'를 만들어 온 방식입니다. 남성들이 여성을 개념 없는 '김치녀'라고 부르면서 자기 자신은 개념 있는 사람이라고 말하는 것이지요. 또 여성들 스스로 '그런' 여성이 되지 않도록 노력하게 만드는 통제 방식이기도 합니다. 여성들 스스로 자신이 '김치녀'라는 손가락질을 당하지는 않을지 걱정하면서 조심하게 되지요. 이런 이름 붙이기는 오래전부터 여성들의 삶을 '현모양처'에 가두고 통제해 오던 방식이라고 할 수 있어요.

달라진 점이 있다면 오늘날 온라인 세상에서는 진짜인지 가짜인지 묻지도 따지지도 않고 여성에 대한 혐오를 확산시키고 있다는 점입니다. 또 과거에는 주로 성적으로 통제되지 않는 여성들을 비난의 제물로 삼았다면(신여성, 아프레 걸, 양공주 등) 지금은 다양한 방법으로 여성들을 집단으로 분류해 품평하고 있습니다. 예의 없는 여자(지하철 반말녀, 패륜녀 등), 과소비하는 여자(명품녀, 신상녀 등), 이기적인 여자(개똥녀, 맘충 등) 등으로요. 혐오의 대상이 되는 여성들은 훨씬 더 많아졌고, 혐오의 강도도 더 심해졌지요.

한 여성이 어떤 잘못을 저질러서 온라인에서 비난을 받게 되면 'OO녀'라는 이름이 붙습니다. 그러면서 모든 여성들이 그와 관련된 집단적인 특성(종특)이라도 가진 것처럼 여성에 대한 비아냥과 비난으로 이어지기 일쑤입니다. 반면에 술에 취해 지하철에 드러누운 남성, 길거리에서 시비 걸며 난동 피우는 남성, 길 가다가 '컥~퉤!' 리듬으로 가래침 뱉는 남성에게는 'OO남'이라는 이름이 붙지 않아요. 이들은 표시될 필요가 없는 보편적인 성별(남성)이기 때문인 거예요.

여성에게만 'OO녀'라는 이름이 붙고, "여자들은 이래서 문제야."라는 식으로 여성 전체에 대한 비난으로 이어지고 있어요. 과소비를 하는 사람이나 다른 사람에게 민폐를 끼치는 사람들은 어디에나 있지요. 그런데 그런 사람이 여성일 경우에만 비난의 화살이 꽂히고 그것이 여성 전체를 욕 먹이는 일이 되고 있는 거예요.

여러분 중에는 "나는 그런 여자들과 달라."라고 하면서 경계를 긋고 남성들과 함께 '그런' 여자들을 욕하는 일에 동참하려는 사람이 있을지도 모르겠습니다. '그런' 여자들과 다른 '개념녀'라는 것을 입증하려고 노력할지도 모르지요. 그렇게 하면 혐오의 대상이 되는 여자들로부터 빠져나올 수 있으니까요. 또 누군가는 놀림당하고 멸시받느니 '숭배'의 대상이 되겠다며 남성들이 우러러보는 멋진 몸을 갖기 위해 노력하고 있을지도 모르고요.

하지만 어떤 노력을 하든지 여러분을 개념녀로 부를지, 김치녀로 부를지 결정하는 사람은 여러분이 아니라는 사실을 기억할 필요가 있습니다. 미안하지만 판단하는 사람은 혐오를 벗어나기 위해 고투하는 우리가 아니라, 혐오할 대상이 필요한 그들이니까요. 그들이 우리를 개념녀인지 김치녀인지 판단하는 주체이고, 이 코르셋을 입을까 저 코르셋을 입을까 고민하는 우리는 그들의 평가 대상인 거예요. 그래서 우리는 "여성 혐오를 멈춰라!"라고 외쳐야만 합니다. 여러분에게 맞지도 않는 코르셋을 벗어던지지 않는 한, 언제고 다시 그들의 혐오 대상이 되어 버린다는 것을 알아야 합니다.

한 가지 더 기억해야 할 것은 여성 혐오는 '여성 멸시'와 동일한 단어가 아니라는 점이에요. 혐오는 멸시만이 아니라 여성에 대한 '숭배'를 포함합니다. 혐오의 정서에서 여성은 멸시의 대상이면서 동시에 숭배이 대상이기도 하죠. 숭배하는 여성의 특성이 정해져 있기에, 그런 특성을 갖지 않은 여성에 대해서는 멸시를 하게 되는 것이지요. 그렇기 때문에 "나는 여자를 좋아한다. 그러니까 혐오하지 않는다."라는 문장은 앞뒤가 맞지 않아요. 순결한 여성에 대한 숭배는 그 여성이 순결하지 않다는 걸 아는 순간 증오와 멸시로 순식간에 바뀌는 감정이에요. 어머니에 대한 숭배가 어머니 역할을 제대로 못했다는 평가 속에서 멸시와 증오로 바뀌는 것과 마찬가지 이치죠.

대전역 무개념 주차와 젝스키스 해체 반대 시위

인터넷에서는 누구나 정보 생산자가 될 수 있습니다. 덕분에 엄청나게 많은 양의 정보가 쏟아져 나오고 있고, 저마다의 방식대로 정보를 활용하고 바꾸는 일이 흔해졌어요. 사실인지 확인도 되지 않은 정보들이 쉽게 복사되고 빠르게 퍼져 나가고 있는데도 어디에, 어떤 정보가 흘러 다니는지 파악한다는 건 불가능에 가까운 일이 되었지요.

거짓 정보가 생산되고 빠르게 퍼져 나가는 일은 정보에 대한 '평판'에 힘입어 일어나고 있습니다. 누군가가 정보를 만들어 내면 다른 이들이 거기에 평판을 더하고 평판에 공감하면서 정보는 '사실'로 둔갑합니다. 공감에 의존한 정보들이 평판 릴레이 속에서 사실로 바뀌는 것이지요. 진짜 사실인지와는 상관없이 공감의 숫자가 정보를 진실로 만들고, 사람들을 움직이는 것이지요. 그리고 이러한 평판은 약자에 대한 혐오와 강하게 연동되고 있습니다.

정확하지 않은 정보들이 흘러 다니고, 사람들의 분노가 약자에게로 향하는 과정은 흔히 찾아볼 수 있어요. '대전역 무개념 주차의 진실(일명 대전역 김 여사)' 사건이나 '젝스키스 해체 반대 시위의 전말'이 바로 그러한 예입니다.

2015년 9월, "대전역 김 여사 주차 신공"이라는 제목의 사진이 남초 커뮤니티에 올라왔습니다. 대전역 앞 차도에 누군가 차를 세워 놓고 가 버린 사진이었지요. 논란이 된 이 사진은 각종 커뮤

니티와 SNS를 통해 퍼져 나갔습니다. 게시글에는 "무개념 김 여사, 쇼핑 간 김 여사, 뇌 없는 년, 닭대가리, 여자들은 믹서기나 밥솥, 세탁기 정도나 만지고 집안 살림이나 해라, 저 아줌마랑 사는 남편이 불쌍하다" 등의 댓글이 달렸습니다. 운전자는 이미 차를 떠난 상태였기 때문에 운전자가 남성인지, 여성인지 알 수 없는 상황이었어요. 하지만 최초 게시자가 사진에 '대전역 김 여사'라는 제목을 붙였고, 네티즌들은 김 여사를 욕하느라 정신이 없었어요. 현장에 출동했던 경찰이 보다 못해서 "차주는 남성이었고 보험 회사에 전화해서 견인했다."라는 댓글을 남겼습니다. 몇몇 댓글은 "차주만 남자고 운전은 여자가 한 거 아니냐."며 끝까지 의심을 놓지 않았지만 더 이상 김 여사를 욕하는 댓글이 늘어나지는 않았습니다. 운전자의 성별이 남성으로 드러나자 욕하기를 멈춘 것이지요.

'대전역 김 여사'는 다행히 며칠 만에 오명을 벗었지만, 수 년 동안 '철없는 여자들, 빠순이' 소리를 까닭 없이 들어야 했던 이들도 있습니다. 2008년 온라인 커뮤니티에 등장한 한 사진의 제목은 "젝스키스 해체 반대

시위"였습니다. 교복을 입고 일렬로 누운 고등학생들 사진 아래에 '빠순이'를 욕하는 댓글이 줄줄이 달렸지요. 2016년 온라인 페미니스트 수사대 덕분에 이 사진은 젝스키스 해체 반대 시위가 아니라 2002년에 학교 재단 비리 규탄 시위를 벌인 현장 사진이라는 게 밝혀졌습니다. 당시 학생들은 서울시 교육청 횡단보도에 누워 학교 재단의 비리를 규탄했던 거예요.

재단 비리 규탄 시위가 어쩌다 젝스키스 해체 반대 시위로 둔갑했는지 알 길은 없습니다. 다만 최초 게시자가 '젝스키스 해체 반대 시위'라는 제목으로 사진을 올렸고, 사람들은 고등학교 학생들의 정치적 실천을 '빠순이'로 둔갑시켜 소비하기 시작했다는 거예요. 만약 드러누운 사람들이 여학생이 아니라 남학생이었다면 한 치의 의심도 없이 '빠돌이'라고 비난받았을까요? 이 사건에는 '여자들은 정치적 행위를 할 리 없다.'는 편견이 강하게 작동했습니다. 여성을 남성 자신들이 평가하고 진단할 수 있다는 정서, 다시 말해 '여성 혐오'가 이 사건을 만든 것이지요.

덧붙이자면 팬클럽 활동이 왜 '빠순이'라는 말로 비하되고, 비웃음거리가 되어야 하는지에 대해서도 질문을 던질 필요가 있습니다. 여성들이 활동하는 영역에 대해서 너무 쉽게 평가를 하고, 그 가치를 깎아내리지 않나요? 주로 남성이 참여하는 건담 매니아, 자동차 튜닝 같은 커뮤니티 활동은 전문적인 영역으로 인정되거나 '고급진' 취미로 여기면서 여성들이 가방을 좋아하면 '된장녀'가 되고, 팬클럽 활동을 하면 '빠순이'가 되고 있으니 말이에요.

단톡방 품평회

인터넷을 통한 가십과 비방의 피해자 대부분은 여성이라는 연구 결과가 있습니다. 남성들이 끝없이 여성을 모욕하는 공간을 만들어 내고 있는 것이지요. 실제로 한 온라인 남초 커뮤니티는 '대전역 김 여사'를 골려 먹고, 불특정 여학생을 성희롱하던 데서 한 발 더 나아가 이별 통보에 대한 복수로 여자 친구와 찍었던 성관계 동영상을 올리거나, 응징의 한 방법으로 '여자 친구 강간 릴레이'를 공모하기도 한다니, 정말 기가 막힐 노릇입니다.

대학생들이 단체 채팅방에서 같은 과 여학생들을 성희롱하는 사건들이 뉴스에 보도된 것을 알고 있나요? 같은 과 남학생들이 "OO이는 가슴이 작다, OO을 강간하고 싶다, 새따(새내기 따먹기)를 해야 되는데, 지하철에서 도촬(도둑촬영) 성공함." 등의 말을 채팅방에서 버젓이 하고 있었다는 것을 안 여학생들은 얼마나 화가 났을까요? 과거에 '여자 이야기'가 남성의 술자리 안줏거리였다면, 온라인으로 이사 온 여자 품평회는 술 없이 가능한 일상적 놀이가 되어 버린 거예요.

이런 성희롱은 직장 내 성희롱이나 술자리 성희롱의 온라인

버전이라고 할 수 있어요. 그리고 이것은 그 상황에 여성이 전혀 개입할 수 없다는 점에서 문제가 더 심각합니다. 페미니스트 정치철학자 마사 누스바움은 "오프 세계에서는 여성을 신체 부위로 바꾸는 것을 막을 수 있는 어느 정도의 장벽이 있지만 인터넷 세계에서는 '남성 연대'를 위해 만들어 둔 그들만의 공간에 여성이 개입할 수 없다."고 설명합니다. 오프라인에서는 성희롱 발언이 있을 경우 바로 제지할 수 있고 사과를 요구할 수 있지만 단체 채팅방의 성희롱은 여성이 피해를 입고 있다는 것조차 알기 어렵지요. 남성들 중 누군가가 죄책감을 느껴 대화 내용을 폭로한 이후에야 일방적으로 당한 모욕과 파괴를 알게 될 뿐입니다.

두려움을 넘어서

마지막으로 우리는 누가, 왜 '빠순이'와 '김 여사', '김치녀'와 '걸레'를 필요로 하는지를 질문해야 합니다. 운전에 미숙한 운전자는 당연히 여자일 거라고 믿고 싶어하는 찌질함, '성평등'에 찬성한다고 말하면서도 여성의 몸매 품평을 낄낄거리며 쏟아 내는 저열함, 자신의 못남을 여성에게 들켜 버린 순간 자신이 가진 성적 지위(남성)를 이용해서 여성을 응징하는 비겁함…. 이를 두고 여성학자 우에노 치즈코는 자신의 남성성을 확인받기 위한 남성들의 고투라고 설명합니다. 여성을 '대상'의 자리에 두고 자신을 '주체'

의 자리에 두려는 시도 속에서 '여성적인 것'으로부터 더 멀어져
야 하는 그들의 분투가 진행 중이라고요.

　남성들 사이에서 능력이 없는 것은 곧 여성적인 것처럼 여겨
지고, 때문에 어떤 남성들은 여성을 지배하지 못하는 일을 남성성
의 훼손으로 받아들입니다. 그래서 사회가 인정하는 남성성을 갖
추지 못한 남성일수록 여성에 대한 멸시로 남성성을 입증하려고
합니다. 그의 남성성을 승인해 줄 사람은 당연히 여성이 아니지요.
남성들 사이에서 "오~ 남잔데!"라는 인정을 받으면서 견고한 연
대를 만들어 갑니다. 여성은 남성의 파트너가 아니라 취약한 남성
성을 지탱해 주는 도구로 자리하는 것입니다. 연애를 하다 결별을
통보하는 여성에 대한 남성의 분노가 극대화되고, 이별 폭력 범죄
가 그치지 않는 것은 상대 여성이 도구로서의 제 역할을 제대로
수행하지 않은 것에 대한 분노 때문인 것입니다.

　약자를 착취하여 얻은 남성성 말고 아직 한국 사회에서 대안
적인 남성성의 모델은 제시되지 않고 있습니다. 여성이 성적 대상
으로서 그에 걸맞은 '성 역할'을 해 주기를 바라는 남성은 이 사회
에서 여전히 '보편'이고 '중심'이며 '정상'입니다. 하지만 절망할 필
요는 없습니다. 여성은 다른 사람을 착취하지 않아도 스스로의 존
엄을 챙기는 법을 알고 있으니까요. 왜곡된 성문화에서 쉽게 성적
대상으로 소비될 위험 속에 살지만 그 세상이 '생겨 먹은' 모양을

이미 빠르게 분석해 내고 있거든요.

　나만 모르는 미지의 세계는 두려움으로 다가오지만, 이미 알고 있는 세계는 분노와 저항의 대상이 될 수 있습니다. 온라인에서 수없이 마주하는 '야한 여자'들과 나를 분리시킬 필요도 없습니다. '개념녀'가 되기 위해 노력할 필요도 없고, 성희롱을 당하지 않으려고 몸을 한껏 움츠릴 필요도 없습니다. 그런다고 내가 서 있는 자리가 안전해지지는 않거든요. 그보다는 이런 세계에 덤덤히 걸어 들어가 잘못 맞추어진 블록에 조목조목 딴지를 걸어 보는 게 어떨까요? 그것이 잘못되었음을 말해 줄 사람은 바로 당신, 그리고 우리니까요.

페미니스트 추천템

○○녀의 억울한 탄생

웹툰 〈여중생 A〉

〈여중생 A〉는 온·오프라인 어디서나 '관찰의 대상'이 되는 여자들의 이야기를 가만가만히 들려주는 웹툰입니다. 주인공 장미래는 오프라인 세상에서는 눈에 띄는 행동을 하지 않는 방법으로, 온라인 세상(게임)에서는 남자 캐릭터를 선택하는 방법으로 관찰 대상의 범주에서 벗어납니다. 그러던 중 (거대한 거짓의 공간인) 인터넷에서 '아이피녀'(김유리)의 억울한 탄생을 목격하게 됩니다. 그리고 확인되지 않은 사실로 '아이피녀'를 비난하고 따돌리는 것을 두고 볼 수만은 없다고 결심하게 되지요.

장미래가 쓴 소설을 통해 사건의 전말이 밝혀지면서 '아이피녀'는 더 이상 욕을 먹지 않게 됩니다. 심지어 과거에 욕을 해 대던 익명으로부터 응원 문자를 받기도 합니다. 그러나 '아이피녀'에게

쏟아졌던 욕은 그저 다른 여성에게 이동했을 뿐이라는 걸 장미래
와 김유리가 모를 리 없지요. '욕 먹는 아이피녀'에서 '불쌍한 아이
피녀'로 변했을 뿐, '아이피녀'라는 이름이 인간 김유리로 돌아온
건 아니었습니다.

　　장미래가 그렇듯이 우리는 불안함 속에서 내가 누구인지를
끊임없이 질문하면서 살아갑니다. 이런 질문은 10대에 시작하지
만 40대가 되어도 끝나지 않지요. 그렇기 때문에 우리에게는 늘
남들에게 규정되기에 앞서, 내가 나를 발견해 보는 시간들이 필요
합니다. 타인을 앞서 규정짓지 않으면서, 나를 위한 여백을 남겨
두는 삶의 방식, 그러면서 하나씩 '나'와 '너'를 만들어 가면 어떨
까요? 〈여중생 A〉의 장미래가 그랬듯이 말이지요.

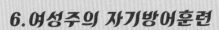

6. 여성주의 자기방어훈련

주먹 꼭 쥐고,
배에 힘 빡 주고

: 문미정 :

여성주의 자기방어훈련 강사. 다양한 공간에서 10대들을 만나 왔다. 일반 학교
에서는 몰래몰래, 대안 학교에서는 한 해 커리큘럼으로 여성주의 자기방어훈
련을 함께해 왔다. 외모와 다르게 '후달리고 회피하는' 스타일이었던 자신의 경
험을 많이 들려주곤 한다. 교사일 때나 자기방어훈련 강사일 때나 '잘하지 못하
는 사람들'에게 힘을 주고 싶다. 자신에게나 타인에게나 두루 공정할 수 있도록
'기운의 물꼬'를 터 주는 사람이고 싶다. 한국여성민우회 부설 성폭력상담소가
주최하는 <내 안의 쌈닭 끌어내기 : 여성주의 자기방어훈련>, 청소년 인문학
강좌 <교복 입고 여성주의 : 자기방어훈련> 등 다수의 특강을 진행하고 있다.

일어날 수 있는 공격

- ☐ 버스에서 뒤에 선 아저씨가 내 엉덩이를 만졌다.

- ☐ 남자아이들 사이에서 여자아이들의 가슴 품평회가 열리고 있다.

- ☐ 명절에 만난 친척 아저씨가 "다 컸네." 하면서 내 몸을 아래위로 훑어보았다.

- ☐ 남자 친구는 내가 싫다고 하는데도 사람들이 많은 데서 자꾸 몸을 만진다.

- ☐ 운전자가 차 문을 내리고 길을 물어보는 척하면서 자신의 성기를 꺼내어 보여 주었다.

- ☐ 모르는 아저씨가 뚫어져라 쳐다보더니 "돈 줄 테니까 같이 놀자." 고 했다.

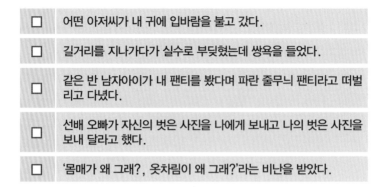

- ☐ 어떤 아저씨가 내 귀에 입바람을 불고 갔다.
- ☐ 길거리를 지나가다가 실수로 부딪혔는데 쌍욕을 들었다.
- ☐ 같은 반 남자아이가 내 팬티를 봤다며 파란 줄무늬 팬티라고 떠벌리고 다녔다.
- ☐ 선배 오빠가 자신의 벗은 사진을 나에게 보내고 나의 벗은 사진을 보내 달라고 했다.
- ☐ '몸매가 왜 그래?, 옷차림이 왜 그래?'라는 비난을 받았다.

과연 이런 일들이 여러분에게만 일어나는 걸까요? 혹은 여러분에게는 일어날 가능성이 전혀 없는 걸까요? 불행하게도 이런 일은 여러분이 여성이기 때문에 언제라도 일어날 수 있습니다. 그리고 젊은 여성일수록 더 자주 일어나는 일이기도 하지요. 이런 일들은 성폭력이며, '성적인 공격 행위'입니다. 당연히, 분명히 그것은 여러분의 잘못이 아닙니다. 나이가 든다고 해서 자연스럽게 없어지는 일이 아닙니다. 시간이 지난다고 해서 아무렇지 않은 일이 아니며, 다음번에는 저절로 더 잘 대응하게 되는 일도 아닙니다. 그렇다면 우리는 어떤 준비를 해야 하고, 지금 당장 어떤 액션을 취할 수 있을까요? 여성들이 취약하고 꼼짝달싹 못할 것이라고 생각하는 공격자에게 어떻게 하면 본때를 보여 줄 수 있을까요?

'아동 폭력'이라는 단어가 있기 전에는 부모가 아이를 때리는 모습을 보아도 감히 개입할 수가 없었습니다. 아이는 완전히 부모의 소유라고 여겼기 때문이지요. 그러나 아동 폭력의 문제를 직시하고, 이를 없애고자 하는 많은 사람들의 노력이 있었기 때문에 아동 폭력이라는 단어가 생겼고, 사회가 받아들이게 되었습니다. 아동 폭력이 완전히 없어지지는 않았지만 사회의 인식이 달라진 것은 사실입니다. 폭력을 당하는 아이들이 가해자(부모)를 신고하거나 주변 어른들에게 도움을 요청할 수 있고, 가해자로부터 격리되어 보호받을 수 있게 되었어요. 신고할 엄두를 못내는 어린이가 있다고 해도 그것은 폭력 피해를 입은 어린이의 잘못이 아니라 가해자의 잘못임이 명백합니다.

여성에 대한 폭력도 마찬가지입니다. 폭력 상황에 대한 피해자의 대응이 적절했는지는 심판의 대상이 아닙니다. 가해자에게 왜 폭력을 휘둘렀는지를 묻고, 잘못을 따지고, 책임을 지도록 해야 합니다. 그것은 가해자가 저지른 행위이기 때문입니다. 그런데 사람들은 교복 치마가 너무 짧았던 것 아니냐는 둥, 그 시간에 왜 그곳에 있었냐는 둥, 왜 싫다는 말을 정확하게 하지 않았냐는 둥 피해자에게 따집니다.

'그건 네 잘못이 아니야!' 내 친구에게 일어난 일에 대해서, 내 자신에게 일어난 일에 대해서 진심으로 한 치의 오차도 없이 그렇게 생각할 수 있어야 합니다. 이런 정의롭지 못한 상황을, 정의롭지 못한 사회를, 정의롭지 못한 자기 자신을 바로잡으려는 것이 페미니즘, 여성주의입니다.

여성주의 자기방어훈련

버스나 지하철에서 성추행을 당한 경험이 있나요? 그럴 때 여러분은 어떻게 대처하나요?

- ☐ 성적인 공격 앞에서 무력해지는 경우가 있다.
- ☐ 머릿속이 새하얗게 변해서 아무것도 못한다.
- ☐ 부끄럽고 내 자신이 싫어진다.
- ☐ 또 그런 일이 생길까 봐 피하기만 한다.
- ☐ 무조건 도망간다.
- ☐ 못 본 척, 못 들은 척한다.
- ☐ 눈물이 나고 다리가 후들거린다.
- ☐ 뒤늦게 이렇게 할 걸, 저렇게 할 걸 후회한다.

다시 버스 혹은 지하철 안으로 돌아가 봅시다. 뒤에 선 남자가 내 엉덩이에 자신의 성기를 부비고 있습니다. 저는 이런 일을 고등학생 시절에 가장 많이 겪었습니다. 그때 마음속으로 자꾸만 그 남자를 위한 변명을 만들어 냈어요. '버스가 혼잡해서 그런 거겠지, 자리가 좁아서 몸을 붙이는 거겠지.' 하지만 몇 번 그런 일이 반복되고 나서는 가해자를 위한 억지 변명을 그만두고, 제가 감지한 부당함과 침해를 믿게 되었습니다. 그제서야 '또 이런 일이 생기면 나는 어떻게 해야 할까?'를 생각해 볼 수 있게 되었지요.

처음에 저는 그가 아니라고 큰소리로 잡아뗄까봐 두려웠어요. 행여 그렇게 나온다 하더라도 "웃기고 있네. 아니, 자기가 왜 큰소리야." 하고 맞받아치면 될 일이지, 왜 아무 일도 안 일어난 것으로 덮고 싶었을까요. 우선은 화를 내는 일 자체가 어려웠습니다. 그리고 그가 뺨이라도 때리면 어떡하나 하는 두려움이 있었어요. 절대로 맞지 않을 것이라는 믿음이 있었다면, 저는 다르게 대처했을 거예요.

여성주의 자기방어훈련은 여성주의의 입장에서 성적인 공격에 대응하는 방어 훈련을 뜻합니다. 방어에는 훈련이 필요합니다.

마음의 훈련

우리 사회에는 여자아이들이 슬픔을 표현하는 것은 어느 정도 허용하는 반면, 화를 표현하는 것에는 엄격한 분위기가 있습니다. "여자아이가 드세다, 여자아이가 겁도 없이 덤빈다, 공주님처럼 키워야지." 하는 말들을 흔히 하지요. 이런 환경에서 자라다 보면 점점 화를 내는 것을 회피하고, 두려워하게 되지요. 반대로 남자아이들에게는 화를 표현하는 것은 허용하지만 슬픔을 표현하는 것은 억압합니다. 그래서 슬픔과 화를 구별하지 못하고 남자 아이들은 슬픔을 화로 바꾸어 버리고, 여자 아이들은 화를 슬픔으로 바꾸어 버리기도 합니다. 모두에게 불행한 일이지요.

모든 감정은 제 역할이 있습니다. 슬픔은 상실에 대한 반응이고, 화는 침해에 대한 반응입니다. 감정을 인정하는 것은 자기 자신의 바깥에서 일어난 일을 회복하고 치유하는 첫걸음입니다. 화를 내지 못하는 것은 위험한 일이며, 슬픔을 느끼지 못하는 것은 안타까운 일입니다.

화를 표현하지 않고서도 세상이 안전하다고 느낄 수 있고, 자기 자신을 여전히 사랑할 수 있으며, 주변의 잘못된 상황을 바로잡을 수 있다면 참 편하겠지만 그런 일은 일어나지 않습니다. 화는 부당한 일이나 공격을 당했을 때 그것을 바로잡고 원래의 나, 평화롭고 온전한 자기 자신으로 되돌리는 힘을 가진 감정입니다. 그래서 화를 억누르거나 외면하면 외부의 공격에 위축되고 두려워하는 상태로 나 자신이 변형되어 버립니다.

또다시 일어날 것이 뻔한 그 일, 성적인 공격에 우리는 어떤 준비를 해야 할까요? 일단 내 감정을 믿어야 합니다. 화가 났다면 그 감정을 믿어야 그에 대한 대비를 할 수 있어요. 경보 시스템이 작동하고 있는데도 머뭇거리면 안 됩니다. 행여 그것이 오작동이라 하더라도, 주변을 살피고 일어날 수 있는 일을 대비한다고 해서 손해 볼 일은 하나도 없으니까요. 불안과 두려움에 압도되어서도 안 됩니다. 자신이 어떤 상황에 놓여 있는지를 제대로 보지 못하고 머릿속이 새하얗게 변해서 과도한 행동을 하게 되는 것을 '패닉에 빠졌다.'고 하지요. 패닉은 더 큰 위험을 불러 와요. 감정을 믿는다는 것은 '호랑이 굴에 가서도 정신을 바짝 차리는 일'과 관련이 있습니다. '지금 내가 호랑이 굴에 와 있다는 것을 인식하고, 위험을 감지했다.'는 것을 믿는 일이에요. 아무런 위험이 발생하지 않으면 다행이라고 안도의 한숨을 내쉬면 됩니다. '호랑이가 아니라 고양이일지도 몰라, 이건 꿈일지도 몰라, 호랑이가 나와 친구가 되려고 그러는 걸지도 몰라.' 하는 혼란을 갖지 말라는 뜻이에요.

어떤 유치원생은 놀이터에서 "아저씨, 왜 내 엉덩이 만져요?"라고 소리를 쳤어요. 어떤 고등학생은 자신의 허벅지에 올려진 손목을 잡아서, 느리고 절도 있는 동작으로 아저씨 허벅지 위에 올려 주었습니다. 또 어떤 초등학생은 휴대폰을 꺼내 공격자의 사진을 찍었어요. 누군가는 똑같이 아래위로 훑으면서 "그러는 너는 치토스냐."라고 비웃어 주었습니다. 누군가는 경찰에 신고를 했고, 누군가는 도와줄 어른을 불렀습니다. 누군가는 친구를 위해 힘껏 공격자를 밀쳐내 주었고, 또 누군가는 잡힌 손목을 빼낸 다음 그의 급소를 차서 넘어뜨렸습니다. 이 모든 행동은 자신의 분노를 의심하지 않은 결과예요. 자기 감정을 믿는다는 것은 방어의 시작이고, 위험 경보에 대한 반응입니다.

몸의 훈련

사람과 사람 사이의 의사소통은 대부분 비언어적 요소로 이루어진다는 것을 우리는 경험으로 잘 알고 있습니다. 똑같이 "고마워."라는 말을 들었다고 해도 어떤 경우에는 진심 어린 감사의 말로 들리고, 또 다른 경우에는 전혀 감사의 말로 들리지 않기도 하지요. 우리는 언어와 더불어 표정, 몸짓, 태도, 눈길로도 의사소통을 한다는 것을 알고 있습니다. 의사소통에서 비언어적 요소의 비중은 70%에 이릅니다. 언어적 요소와 비언어적 요소가 같은 방향을 향하고 있을 때 상대방에게 정확한 메시지가 전달되는 것이지요. 신체적 방어는 몸짓과 태도에서부터 신체적 반격과 제압에 이르기까지 다양합니다. 공격의 종류와 수위가 그만큼 다양하기 때문이에요.

공격은 상대가 방어하지 못할 것이라는 가정에서 출발하는 일이 많습니다. 지나가다 부딪혔다고 해서 아무에게나 쌍욕을 해 대지는 않지요. 상대를 봐 가면서 하는 거예요. 자기 요구대로 하자고 힘으로 밀어붙이는 것도 마찬가지입니다. 이 또한 상대를 봐 가면서 합니다. 위협하는 것도 그렇고, 잡아끄는 것도 그래요.

그런데 신체 능력은 무조건 남성이 여성보다 뛰어난 걸까요? 어떤 중학생이 있어요. 아주 꼬마였을 때, 친구에게 과자를 빼앗겨서 치고받고 싸우면 "그렇게 하면 못써."라는 말을 듣기도 했지만 그와 동시에 "아이고, 저거 봐라. 제 몫은 챙길 줄 아네." 하고 격려도 받았어요. 초등학교 때는 운동장에서 뛰어노는 것이 일이었습니다. 땀을 흘리고 뛰어다니는 모습을 부모님과 선생님이 웃으면서 바라봐 주었지요. 고학년이 되니 운동하는 모습이 멋있다고 연애편지를 보내 오는 친구도 있었어요. 뛰고 잡고 구르고 던지는 동안, 몸을 통한 즐거운 세계를 알게 되었기 때문에 더 큰 열정으로 자발적인 '신체 훈련'을 하게 되었습니다. 그러는 사이 자기 몸이 어떤 능력을 얼마만큼 가지고 있는지 알게 되었지요. 다른 사람들과 몸을 부딪히면서 상대방의 신체 능력이 몸으로 전해져 왔어요. 몸을 쓰면 쓸수록 더 잘할 수 있게 되었지요. 이 중학생이 신체 훈련을 한 시간을 계산하면 얼마나 될까요? 하루에 한 시간씩, 혹은 그 이상을 몇 년 동안 훈련을 한 걸까요? 친구들을 쫓아다니면서 팔씨름을 한 횟수는 얼마나 되며, 전력 질주를 한 시간은 얼마나 될까요?

이제 생각해 보세요. 여러분이 몸을 쓰는 시간은, 몸의 능력에 집중해 본 시간은 얼마나 되나요? 너무 적어서 화들짝 놀라게 된다면, 지금이 바로 신체 훈련이 필요한 시점이에요. 사람을 잡고 밀고 당겨 본 적이 있나요? 여러분의 신체를 제압하려는 상대방을 향해 있는 힘껏 맞서 싸워 본 적이 있나요? 얼마나 큰 소리로 괴성을 지를 수 있는지, 어느 정도로 밀치면 사람이 떨어져 나가는지, 여러분에게 그런 힘이 있는지 또는 없는지, 어떻게 해야 여러분이 다치지 않고 넘어질 수 있고, 어떻게 해야 힘을 덜 들이고 상대의 균형을 무너뜨릴 수 있는지 알고 있나요? 이러한 것을 모를 때, 무턱대고 방어를 포기하게 됩니다.

몸과 마음은 연결되어 있어서, 몸을 강하게 만들면 마음을 일으켜 세울 수 있습니다. 또 마음을 강하게 만들어 몸의 능력을 100% 이끌어 내기도 합니다. 신체 능력은 타고나기도 하고 노력을 통해 발전하기도 합니다. 말하기를 예로 들어 볼까요? 사람마다 타고난 재능이 다르다 하더라도 노력하면 어느 정도 수준까지는 말을 할 줄 알게 됩니다. 더 많은 노력을 한 사람은 말을 더 잘하게 되겠지요. 그것과 같은 이치입니다. 신체적 능력은 훈련에 의해 확장됩니다. 밀치고 당기고 잡아끄는 것이 바로 신체 훈련입니다. 자전거를 배우기 위해서 했던 노력이, 테니스공을 라켓에 정확하게 맞추기 위해 보냈던 시간이 몸 훈련입니다. 사람마다 타고난 신체적 능력은 다르지만 훈련을 통해 어느 정도 수준까지는 모두가 성장할 수 있어요. 그리고 몸은 그것을 기억합니다. 훈련이 몸에 익으면 방어를 위한 준비 시간이 짧아져요. 몸은 곧바로 반격에 나섭니다.

여러분 중 대부분이 그동안 몸 훈련을 제대로 해 오지 않았을 거예요. 그렇다고 두려워할 필요는 없습니다. 몸을 어떻게 써야할지 훈련이 되어 있지 않더라도 방어는 가능합니다. 부풀린 몸의 태도, 눈빛, 거부하는 손짓, 단호하고 근엄한 명령, 고함 치기, 전력 질주로 도망치기. 이 모든 것이 신체적 방어입니다. 스포츠에서처럼 일대일로 붙어서 이기려고 덤비는 일은 매우 드뭅니다. 신체적인 방어 의지를 보이는 것 자체가 공격을 무력화시킵니다. 혹시 여러분의 방어가 더 큰 공격을 불러오지 않을까 걱정하지 않아도 좋아요. 독일에서 조사한 강간 위협에 관한 통계에 따르면, 육체적 방어는 강간 위협의 90%를 막을 수 있었어요.

엘리베이터 CCTV 동영상이 화제가 되었던 적이 있어요. 공격자가 엘리베이터 안에서 머뭇거리다가 여성을 끌어안았어요.

그 여성은 공격자의 뺨을 올려붙이고 급소를 찼습니다. 완전히 제압한 것이지요. 우리 반 친구가 남자아이들의 성적인 놀림에 멋진 어퍼컷을 날리는 멘트를 했다면 그것을 목격한 반 전체의 분위기가 달라집니다. 이 싸움은 혼자서 하는 싸움이 아니에요. 성적인 공격에 맞서는 모든 사람들이 함께하는 싸움입니다. 친구의 어퍼컷에 감탄하는 것이 마음 훈련이 되고, 친구가 공격받을 때 그 옆에 함께 서 있는 것이 방어의 시작이랍니다.

방어의 방향과 크기

여러분의 몸과 마음을 훈련할 준비가 되었나요? 그렇다면 이제 이것을 어떻게 사용할지를 생각해 보세요. "아저씨, 왜 내 엉덩이 만져요?"라고 했던 유치원생은 방향이 정확했습니다. 딴소리를 하지 않고 정확하게 엉덩이에 대해 이야기했으니까요. 휴대폰을 꺼내 사진을 찍었던 초등학생은 '법적 대응을 할 수도 있어. 더 이상은 안 돼.'라는 메시지를 분명하게 전달했습니다. 공격을 받은 바로 그 방향으로 정확하게 방어를 한 것이지요.

그런데 정말 어려운 것은 정확한 크기입니다. '네가 한 대 때렸으니 나도 한 대 때리겠어.'라는 식의 대응은 흔치 않아요. 적당한 크기가 어느 정도인지는 어쩌면 여러분의 마음이 알고 있을지도 모릅니다. 크기가 너무 작아서, 또는 너무 커서 잠자리에서 뒤

척이게 되었다면 적당한 크기가 아니었던 것이지요. 하지만 처음부터 정확한 크기로 반응하기는 쉽지 않습니다. 그러므로 어떤 사건에 대해서 여러 번 곱씹고, 여러 가지 대응 시나리오를 써 보는 것은 아주 좋은 훈련이 됩니다. 그러다 보면 성공적인 방어를 할 날이 자연스럽게 찾아옵니다.

정신 심리 치료사인 이자벨 피이오자는 『도대체 내가 왜 이러지?』라는 책에서 자기방어의 방향과 크기에 대해 아래와 같은 그림으로 표현했습니다.

여기 한 사람이 있습니다. 온전한 자기 자신의 모습, 동그라미로 평화롭게 지내고 있습니다. 그런데 외부에서 공격이 들어옵니다. 그러면 그 모양이 찌그러지겠지요?

자, 이제 어떻게 해야 할까요? 찌그러진 채로 모른체 하고 있거나, 엉뚱한 방향으로 힘을 쓰는 경우가 있습니다.

공격한 지점을 밀어내지 않고 엉뚱한 방향으로 힘을
쓰면 엉뚱한 곳이 튀어나오거나 나를 울퉁불퉁하게 만들게
됩니다. 울퉁불퉁함은 다시 새로운 공격을 불러들이기도 합
니다.

그러므로 내 자신의 힘으로 공격이 들어온 바로 그 지
점을 공격과 같은 크기로 밀어내야 합니다. 그러면 나는 원
래의 나, 동그라미로 돌아옵니다. 이것이 공격에 대한 적절
한 방어입니다.

여성주의 자기방어훈련 실전

어두운 골목길을 걸을 때, 버스나 지하철 안에서 누군가 몸을
만질 때, 억지로 손목을 잡혔을 때, 아니 그보다 더한 성적인 공격
이 들어올 때 당황하거나 불안해하지 말고 지금까지 제가 여러분

에게 했던 말을 떠올리세요. 그리고 다음과 같이 행동하세요. 지금부터 실전입니다.

"하나, 호흡하라."

천천히 숨을 들이마시고 내쉬세요. 짧은 시간이라도 숨이 들어가고 나가는 것에 집중해 보세요. 숨을 쉬는 일에 정성을 다해야 합니다. 이것은 패닉에 빠지지 않기 위한 첫 출발이에요. 피아니스트가 무대에 오를 때, 운동선수가 경기에 임하기 직전에 하는 일이에요. 자신이 안전하지 않다고 느끼면 호흡이 짧고 불규칙해질 수 있어요. 천천히 호흡부터 되돌려 놓지 않으면 다리가 후들거리거나, 머릿속이 하얘지고, 판단과 감정이 완전히 무력화될 수 있어요. 눈물이 흐르는 것처럼 상황에 압도되어 버릴 수도 있고요. 상황에 압도되었다 하더라도 다시 챙겨야 할 것은 호흡입니다. 호흡은 패닉에 빠지지 않고 상황을 통제하기 위한 첫 걸음입니다.

"둘, 몸통을 곧추세우고 주먹을 꼭 쥐어라."

몸이 준비하고 있다는 것은 좋은 신체적 방어를 만들어 냅니다. 마음을 준비시키기도 하지요. 몸통을 곧추세우세요. 그러면 자연스럽게 눈을 똑바로 뜨게 됩니다. 두려워하는 눈빛에서 방어하겠다는 의지를 드러내는 눈빛으로 바뀝니다. 아직 아무런 말도 하지 않았고 신체적 반격을 시작하지 않았지만, 온몸으로 뿜어내는 방어의 의지는 상대방의 공격 의지를 약화시킬 수 있습니다.

그리고 주먹을 말아 쥐세요. 위험을 감지하고 있음에도 불구하고 자신의 감정이 흔들릴 수도 있어요. '상대방은 공격 의지가 없는 것이 아닐까?' 하는 생각이 떠오르고, 두려움이 폭발할 듯 커져 가는 순간에 몸을 곧추세우고 주먹을 말아 쥐면 근육이 부풀고 몸과 마음이 동시에 긴장합니다.(손끝을 타고 팔뚝까지 힘이 들어가면 마음과 몸이 동시에 방어 태세로 돌입합니다.) 몸을 곧추세우고 주먹을 쥔다는 것이 반드시 신체적 반격을 하겠다는 뜻은 아니지만, 필요한 경우에는 사용할 수 있어야 합니다.

"셋, 상황을 평가하라."

지금 이곳에 목격자가 있는지, 공격자가 가진 무기와 약점은 무엇인지, 또 나는 어떤지를 살펴야 해요. 버스 안이라면 버스 기사에게 경찰서로 데려다줄 것을 요구할 수 있고, 골목길이라면 자동차가 주차되어 있는 쪽보다는 길의 가운데로 방향을 틀어야 합니다. 낯선 곳이라면 상황을 평가하는 안목이 평소보다 떨어질 수 있기 때문에 조금 더 안전한 방법을 선택해야 합니다. 누구에게나 상황을 평가하는 눈이 어느 정도는 있습니다. 상황을 평가하면 '지금은 도망가는 것이 최선이다.'라고 판단하고 스스로 생명을 구할

수 있어요. 또 주머니 속 휴대폰을 꺼내어 공격자의 얼굴을 찍을
수도 있지요.

"그리고, 액션!"

호흡하기부터 액션까지의 과정이 눈 깜짝할 사이에 이루어질
수 있도록 훈련하세요. 많은 경험을 쌓고 자기 자신을 믿을수록,
그리고 우리가 살고 있는 사회가 안전하다고 믿을수록 방어는 잘
이루어집니다. 공격받고 있는 친구 옆에 서 있어 주세요. 우리는
서로에게 그런 존재가 되어야 합니다.

어퍼컷을 날리다

웹툰 〈빵점동맹〉

네이버에서 연재한 웹툰 〈빵점동맹〉의 주인공은 여자 고등학생입니다. 그중 36화 이야기는 매우 현실적이지요. 이 에피소드는 한 아저씨가 주인공의 엉덩이를 움켜잡는 성추행 사건의 증거(사진)로 시작합니다. 이곳은 아파트 관리 사무소일 수도 있고, 학교 행정실일 수도 있고, 지하철 수사대 사무실일 수도 있습니다.

가장 현실적인 대목은 역시 성추행 그 자체이고, 가해자가 너무나 평범한 이웃의 얼굴을 하고 있다는 점입니다. 가해자의 계산적인 사과, 사과와 무관한 개인 사정을 들먹이는 호소, 신체적 위협을 암시하는 협박, 대충 무마하기를 독려하는 주변의 반응까지 지금 이 순간, 어느 지하철 수사대 사무실에서 일어나고 있을 법한 일이라는 생각마저 듭니다.

네이버 웹툰 〈빵점동맹〉 | 글 마사토끼
그림 joana

　　주인공은 처음부터 속 시원한, 똑 부러지는 캐릭터는 아니었습니다. 전에는 '멍하니 당하기만 하다가 집에 와서 울기만' 했지요. 다만 그런 일이 생길 때마다 '다음에 이런 일이 생긴다면'으로 시작되는 여러 가지 상상을 하며 굳게 마음먹었을 것입니다. '사진을 찍어야지, 어딜 만지냐고 소리쳐야지, 친구에게 사인을 보내야지, 112에 신고해야지.' 100번의 마음 연습과 여러 가지 시나리오를 구상했겠지요. 결국에는 성공하게 됩니다. 그리고 어차피 처벌도 약해서 그냥 넘어가는 사람이 많다며 은근슬쩍 무마하려는 주변 사람에게 "경찰 불러 주세요."라고 단호하게 말하지요.

　　공격 상황에서는 요구와 명령을 해야 하는 순간이 있습니다. '손 내려, 그만둬, 경찰 불러 주세요, 이 사람을 잡아 주세요, 이거

놓으세요.' 등 구체적이고 명확한 행동을 요구하고 지시하는 것은 좋은 효과를 불러 옵니다. 요구는 공격자를 향할 때도 있고, 목격자를 향할 때도 있지요. 이때 어투가 반말인지 높임말인지, 고함치는 것인지 조근조근한 것인지는 내 필요와 상황에 따라 다르고, 또한 그리 중요하지 않습니다. 다만 내 입에서 나오는 지시는 단호하고 엄중해야 한다는 것만 기억하면 됩니다.

그리고 〈빵점동맹〉을 보면서 바로 그 장면, "경찰 불러 주세요."라고 말하는 장면을 연습해 보세요. 마치 배우가 한 마디 대사를 열 가지 톤으로 바꾸어 연습하듯이, "경찰 불러 주세요."를 어떤 톤으로 하는 것이 좋을지 연습해 보는 것이지요. 뿐만 아니라 〈빵점동맹〉에 등장하지 않는, 생략된 장면도 상상해서 연습해 보세요. 증거물(사진)을 들고 어떻게 저 공간까지 함께 가게 되었는지를 여러 가지 경로로 가정해 보고, 그 과정에서 일어날 수 있는 상황, 그 상황 속에서 나의 요구와 명령을 엄중한 말투로 지시하는 연습을 해 보세요. '이거 봐, 내려, 도망가지 마세요, 저 사람 좀 잡아 주세요, 거기 서, 사과하세요, 카메라 내놓으세요, 이건 증거물입니다.'

〈빵점동맹〉에서 제가 가장 주목한 장면은 두 가지였습니다. 한 장면은 가해자와 마주한 주인공의 자세입니다. 몸통 전체에 힘이 넘칩니다. 자신의 분노에 대한 믿음이 없이는 나올 수 없는 몸짓이지요. 두 다리에 힘이 들어가 있고 어깨는 당당합니다. 팔짱을 끼거나 두 손을 허리에 얹는 것은 신체 공격이 가해질 수도 있는 상황에 대처하기 좋은 자세입니다. 그런 몸의 자세는 다시 마음에 힘을 보태 줍니다. 그리고 중요한 것은 시선, 눈빛이 흔들리지 않는 것입니다. 다른 곳으로 시선을 돌리지 않고, 가해자를 응시하는 것이지요.

또 다른 장면은 경찰에 신고한 후 집으로 와서 혼자 있을 때의 행동입니다. 침대에 올라가서 바닥으로 폴짝 뛰어내리는 장면은 보는 사람마저 박하처럼 상쾌한 해방감을 느끼게 합니다. 바로 주인공의 '성공 축하 세리머니'라고 할 수 있겠지요. 공격에 대해 방어를 하고 나면 이런 회복이 일어나게 됩니다. 가해자의 협박과 회유 술책에 넘어가지 않은 자기 자신에 대한 자부심, 즉 공격은 있었지만 회복되었다고 이야기할 수 있습니다. 원래의 자기 모습 그대로 건강하게 살아갈 수 있게 된 것이지요. 마침내 멋진 어퍼 컷을 날린 주인공을 응원하고 지지합니다.

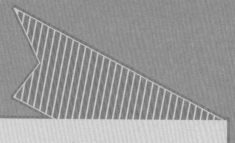

7. 성 정체성

여자인지
어떻게 아세요?

: 이유나 :

젠더 다양성에 대한 세미나에 발을 들였다가 5년째 여성주의문화운동단체 언니네트워크에서 활동 중이다. 여자도 남자도 아닌 그저 '인간'으로 받아들여지고 싶었는데 도무지 세상이 그 이름표를 주지 않아서 쇼트커트에 무표정한 얼굴, 민가슴에 셔츠를 입기도 하고 긴 머리에 원피스, 화장을 하기도 하는 등 이것저것을 뒤섞어 젠더 스위치를 전환하는 것을 즐긴다. 딸, 아내, 엄마로 이야기되는 '정상적인 여성'의 삶에 심각한 의문을 가지고 사는 비혼 바이섹슈얼 페미니스트.

풍기문란의 추억

시끌벅적한 쉬는 시간의 복도. 교실 밖에서 벽에 등을 기대고 서 있는 친구와 마주 보고 이야기를 하는 나. 친구의 긴 머리카락을 만지며 장난을 치기도 하고, 주변 소리가 시끄러워 귓속말을 주고받기도 하고, 손을 잡고 한참을 깔깔거리던 순간 등 뒤로 '픽' 하는 충격이 다가왔습니다.

"당장 안 떨어져? 복도에서 대놓고 뭐하는 짓이야!"

뜨거운 물이 담긴 양동이라도 있었으면 부어 버렸을 것 같은 선생님의 목소리가 벼락처럼 떨어졌어요. 저는 도대체 이게 무슨 일인지, 왜 맞았는지 알 수 없었어요. 하지만 "네?" 하고 목소리를 내자마자 반전이 펼쳐졌습니다. 눈을 부라리던 선생님이 '어? 이게 아닌데?' 하는 동공 지진과 함께 "하, 남자아인 줄 알았네…"라고 중얼거리며 가 버렸다는 것이지요. 그렇습니다. 선생님은 저를 남자로 알았던 거예요. 뒷머리까지 산뜻하게 밀어 올린 쇼트커트를 한 남자아이가 신성한 학교에서 여자아이와 손 붙잡고 하하호호거리고 있었으니, 제가 '이성애'라는 '풍기문란'을 저지르고 있다고 생각한 것입니다.

쉬는 시간이 끝나고 교실에 돌아와 방금 일어났던 일에 대해 곰곰이 생각해 보니 이렇게 생각해도, 저렇게 생각해도 기분 나쁜 구석이 한둘이 아니었습니다.

첫째, 선생님은 왜, 어떻게 우리가 '이성애'라는 '풍기문란'을 저지르고 있다고 생각했을까요? 제 친구는 당연히 여자로, 저는 당연히 남자로 본 까닭은요? 제가 다니던 학교는 성별에 관계없이 바지 교복을 입는 학교였기 때문에 친구와 저는 똑같은 바지 교복을 입고 있었습니다. 그렇다면 벽을 짚고 있던 제 팔의 근육이 너무 '남성적'이어서? 늠름한 어깨? 매력적으로 각진 턱선? 벽에 기대어 있는 친구를 감싸듯 서 있었던 자세 때문에?

둘째, 선생님은 왜, 어떻게 우리가 '이성애'라는 '풍기문란'을 저지르고 있다고 생각했을까요? 첫 번째와 질문이 같아서 오타인 줄 알았다면, 아니에요. 이번에는 '왜 여자와 남자가 붙어 있는 줄 알았을 때는 화를 내다가 여자와 여자가 붙어 있는 줄 알고 나서는 그냥 가 버리셨을까.'라는 질문입니다. 이성일 때는 '연애질'이라고 해석하기 충분했던 모습이 동성일 때는 왜 '연애질'이라고 해석되지 않았을까요? 동성인 친구와 '풍기문란'이 되려면 뭔가를 더 해야 했을까요? 뒤돌아 가는 뒤통수에 대고 "아니에요! 저는 양성애자라고요! 남자아이가 아니라 애하고 '풍기문란'을 저지르는 중일지도 모르지 않습니까!"라고 소리쳐 줄 수 있었다면 참 좋았겠지요. 하지만 그럴 수 없게 만든 세 번째 의문, 우리가 정말 '동성애'라는 '풍기문란'을 저지른다고 생각했다면 출석부로 등짝을 한 대 맞는 것으로 끝날 수 있었을까요?

질문의 답은 그때 이미 알고 있었습니다. 선생님은 정말 단순하게 머리가 짧은 저를 남자라고 생각했을 것입니다. 그런데 목소리를 듣자마자 제가 여자라고 생각한 거예요. 남자다운 목소리라고 정의되는 음역보다는 높은 목소리가 나왔을 테고, 선생님의 세계에 목소리가 얇은 남자란 존재하지 않을 테니까요. 아마 제가 그 친구를 끌어안고 있었다고 해도 여자끼리 조금 특별한 우정을 나누는 정도로 해석하셨을 것입니다. 만일 그게 조금 특별한 우정이 아니라는 생각이 들었다면, 그러니까 여자끼리 '연애질'을 하고 있는 거라고 생각했다면 저만 출석부로 맞는 데서 끝나지 않고 부모님이 학교에 출석하셔야 됐겠지요. '이성애'도 하면 안 되는 청소년이 '이성애도 아닌 것'을 하면 그렇게 됩니다.

내가 '여자'인지 어떻게 아세요?

　사람들은 어떻게든지 상대방의 성별을 남자와 여자 중 하나로 구분하려고 합니다. 세상에는 남자와 여자라는 두 가지 성별만이 존재한다는 생각, 즉 성별 이분법으로 바라보기 때문입니다. 그것만이 정상적이라고 믿는 세상은 끊임없이 다른 모든 정보도 성별 이분법에 맞춰서 분류합니다. 몸을 예로 들면 머리카락부터 발톱까지 해당 안 되는 곳이 없지요. "여자가 왜 그렇게 어깨가 넓어?, 여자가 왜 그렇게 발이 커?, 여자가 그렇게 광대가 튀어나오니 남자 같아."라는 말들은 외모 평가일 뿐 아니라 성별 이분법에 따른 판단입니다. 어깨나 발, 손, 골반, 턱뼈, 광대 등이 도대체 몇 센티미터부터 몇 센티미터까지가 여자라는 성별 규격에 딱 떨어지는 것인지, 그걸 누가 정해 주는 것인지 알 수 없는 채로 우리 몸 곳곳은 성별을 파악할 수 있는 특징으로 분류됩니다.

　몸만이 아닙니다. 사람들이 성별을 알 수 있다고 생각하는 정보는 머리 스타일, 옷차림, 말투, 행동 방식, 좋아하는 색, 좋아하는 놀이, 어울리는 친구 등 우리 삶의 모든 것입니다. 바지는 남자의 것, 치마는 여자의 것. 그러니 바지를 입은 사람은 남자, 치마를 입은 사람은 여자. 거친 행동과 말투는 남자의 것, 얌전하고 조용한 행동과 말투는 여자의 것. 그러니 거친 사람은 남자, 얌전한 사람은 여자….

단순히 남자와 여자의 특성을 나누기만 하는 것이 아닙니다. 여자라고 정의되는 것은 이 사회에서 여자가 어떤 역할을 해야 하고, 할 수 있는가에 대한 정의이기도 하니까요. 남자아이에게는 여자아이 같은 놀이라며 못 하게 하는 소꿉놀이 세트나 인형을 여자아이에게는 '걸맞은' 놀이라고 권유합니다. 결국 여자는 부엌에서 요리를 하거나 아이를 양육하는 역할을 해야 한다는 차별적인 시각이 있기에 가능한 일입니다.

어른들은 어린아이들을 보며 말합니다. "여자아이와 남자아이는 역시 달라, 딸은 역시 애교지, 이 맛에 딸 키운다, 남자아이라 극성맞은 건 어쩔 수가 없어." 어찌 보면 당연한 말처럼 들립니다. 이미 평생을 그렇게 길러져 왔으니까요. 그러나 이런 범주에 들어가지 않는, 수줌음 많고 다정한 남자아이나 골목대장 노릇을 해야 직성이 풀리는 여자아이가 세상에는 얼마든지 존재합니다. 그런데 이 아이들은 '일부의', '유별난' 아이들로 분류될 뿐입니다. '여자아이의 것'으로 분류되는 특징과 '남자아이의 것'으로 분류되는 특징을 모두 가진 그냥 '아이'들도 결국에는 '여자아이여서 그래, 남자아이여서 그래.'라는 범주에 묶여 버릴 뿐이지요.

쇼트커트를 처음 한 날, 다섯 살배기인 저를 보고 동네 아주

머니들은 "아이고 머스마네~" 하며 박장대소를 했어요. 저는 "아니에요! 남자아이 같은 거 아니에요!"라며 울음을 터트렸고, 그날 이후로 저에게 성별이란 늘 물음표였습니다.

왜 여자는 머리가 길어야 하지? 왜 여자는 치마를 입어야 하지? 여자는 이래야 한다는 사회의 정의에 조금이라도 맞지 않는 부분이 있는 사람은 여자가 아닌 걸까? 여자란 결국 남자와 결혼해서 아이를 낳고 키우며, 남편과 가족을 돌보는 사람이라면, 여자를 좋아하는 나는, 아이를 낳을 생각이 없는 나는 여자가 아닌 걸까? 여자가 아니면 남자인 걸까? 세상이 여성적이라고 말하는 것과 남성적이라고 말하는 것 모두를 가지고 있는 나는 여자이면서 동시에 남자인 걸까? 그것도 아니라면 대체 나는 무엇일까? 그리고 이런 혼란은 나만 느끼는 걸까?

너무나 '정상적인' 혼란

스웨덴의 수도 스톡홀름에는 '이갈리아 유치원'이 있습니다. 이갈리아 유치원의 교사들은 아이들에게 무엇인가를 설명할 때 '한'(han, 그) 또는 '혼'(hon, 그녀)이라는 말을 쓰지 않고 성별을 알 수 없는 '헨'(hen)이란 말을 사용합니다. 이곳의 아이들은 소년, 소녀가 아니라 모두가 '친구'라고 불리지요. 성별과는 상관없이 '원하는 사람'이 소꿉장난을 하고 레고 블록을 가지고 놉니다.

옷을 입는 것도 마찬가지예요. 치마를 입거나 바지를 입는 그 모든 선택은 아이가 치마를 입고 싶은지, 바지를 입고 싶은지에 달려 있습니다. 처음부터 남자아이인지 여자아이인지를 구별하지 않으니 성별에 따라 어떤 옷을 입어야 하는지를 생각할 필요가 없습니다.

이갈리아 유치원의 교육 방식은 스웨덴에서 논란을 불러왔습니다. 논란의 핵심은 '아직 어린아이들에게 성별에 대한 혼란을 줄 수 있다.'는 것이었습니다. 흙바닥을 뒹굴고 다른 아이들과 엎치락뒤치락하고 공놀이를 한다고 성별에 혼란이 온다면, 인형에게 옷을 입히고 밥을 먹이고 자장가를 불러 준다고 성별에 혼란이 온다면, 도대체 누구에게 어떤 성별의 혼란이 온다는 것일까요? 오히려 성별을 이분법적으로 명확하게 구분하는 세상, 명확한 구분을 위해 모든 것을 성별을 구분할 수 있는 표지로 만들어 버리는 세상이 더 '혼란'스러운 것 아닐까요?

한 개인이 남성이나 여성 또는 그밖의 성별이라고 스스로 인식할 때 성별 정체성을 갖게 됩니다. 치마가 성별을 구별하는 기준이 아니라면, 치마를 입고 싶고, 안 입고 싶고는 여러분의 성별을 판단하는 데 아무런 영향을 주지 않을 것입니다. 그러나 치마는 여자만 입는 것이라고 명확히 정해져 있으면, 여자인 여러분 중 치마를 입고 싶지 않은 사람은 자신의 성별 정체성에 대해서

고민을 하게 됩니다.

　이런 '혼란'은 성별을 이분법적으로 구분하고 여자와 남자라
는 단 두 가지 선택 항을 차별적으로 구성해 온 사회에서 매우 당
연한 것입니다. '혼란을 느끼기에 너무 어린 나이'라는 것도 결국
은 우리가 얼마나 어린 나이부터 남자 아니면 여자라는 차별적인
이분법 속으로 들어가기를 강요받는가에 달려 있지요. 아주 어린
나이부터 성별 분류에 시달리는데, 사회적으로 정의된 '여자'라는
성별에 자신이 얼마나 들어맞는지 생각해 보는 것은 몇 살부터 괜
찮다는 걸까요?

아들이야, 딸이야?

　성별 정체성에 '혼란'을 느끼는 것 자체를 '비정상'이라고 여
기는 사람이 있다면 아마 가장 하고 싶은 말은 이것이겠지요. "태

어날 때 이미 성별이 정해지잖아요." 아이를 임신했을 때 가장 많이 듣는 질문 중 하나는 "아들이야, 딸이야?"이고요. 이 질문에 담겨 있듯이 대부분의 사람들은 태어날 때부터 생물학적으로 남성과 여성으로 구분된다고 생각합니다.

그러나 인간은 여자와 남자, 두 성별로만 태어나는 것이 아닙니다. 염색체나 생식기 구조상 남성으로도, 여성으로도 구분되지 않는 인터섹스(intersex, 간성)가 있습니다. 더 분명하게 이야기하자면, 생물학적으로 성별을 남성과 여성이라는 양성으로 구분하는 것은 인간의 몸, 특히 생식기의 다양한 형태를 무시하고 단 두 가지 형태만을 기준으로 삼기 때문입니다. 음경과 질을 모두 가지고 태어나는 사람도 있고, 외부 성기는 음경이지만 내부 기관에 난소와 자궁을 가진 사람도 있습니다. 또 정소와 난소를 모두 가진 사람도 있지요. 여성 또는 남성이라고 분류되는 것은 생물학적으로 다양한 스펙트럼 속의 어느 한 지점일 뿐입니다.

하지만 이러한 몸의 다양성은 쉽게 무시됩니다. 키가 작은 사람부터 키가 큰 사람까지 어느 한 지점을 딱 잘라서 인간을 두 종류로 나눌 수 있을까요? 왜 인간의 다양한 몸의 생김새 중에서도 생식기의 다름만이 엄청난 차이로 여겨지는 걸까요? 그것은 남자와 여자의 이성 섹스를 통해 아이를 낳는 것만이 정상적이라고 생각하기 때문입니다.

태어나면서 '충분히' 여자 혹은 남자라고 분류될 만한 생물학적 특징을 확인한 뒤 의사가 남자와 여자 중에서 하나의 성별로 분류했다고 해도 그 분류가 꼭 그 사람의 성별 정체성을 결정하는 것도 아닙니다. 자신의 몸과 자신이 인식하는 성별 정체성이 맞지 않는다고 생각하는 트랜스젠더의 경우 태어날 때 지정된 성별이 아닌 다른 성별로 스스로를 인식할 수 있으니까요. 특히 10대 때에 이차성징으로 가슴이 발달하거나, 생리를 시작하거나, 수염이 나거나, 목소리가 변하는 경우 스스로 생각하고 있는 성별 정체성과 몸의 변화가 달라 성별 불쾌감이 커질 수 있습니다. 이러한 성별 불쾌감을 해소하기 위해서 호르몬 요법이나 수술을 원하게 될 수도 있지요.

생물학적으로 어떤 특징을 가지든 그것 자체로 성별 정체성이 결정되는 것은 아닙니다. 그러나 몇 가지 생물학적 기준만으로 성별 정체성을 결정하는 사회에서 다양한 몸과 다양한 성별 정체성을 가진 사람들은 설 자리가 없습니다.

출생 신고서나 주민등록증, 여권과 같은 신분증에 남자와 여자 두 가지 선택지밖에 존재하지 않을 때, 사람들이 계속해서 "여자예요, 남자예요?"라고 물어볼 때, 남자와 여자로 분리된 화장실 앞에 설 때, 학교에 입학하자마자 "자, 여학생은 왼쪽, 남학생은 오른쪽에 서세요."라는 말을 들을 때, 여자 교복 치마와 남자 교복 바지 중 하나만 입어야 할 때, 과학 시간에 몸의 유형을 여자와 남자의 몸 두 가지로만 배울 때, 과학책에 각 성별에 특정한 신체적 특징만이 나와 있을 때…. 이렇게 성별 정체성이 다른 존재 자체가 삭제된 상태에서 자기 자신에 대한 긍정은 어려울 수밖에 없겠지요.

사회는 변하고 있습니다. 2014년 일본 문부과학성이 발표한 '학교의 트랜스젠더 관련 대응상황 실태'에서는 트랜스젠더 학생에게 학교가 보장한 권리로 자신이 원하는 성별의 교복 착용 인정, 명찰 등에서 남녀의 색깔 구분을 가능한 피함, 탈의실이나 화장실 등 트랜스젠더 학생이 따로 이용할 수 있는 공간 제공, 사회적으로 여자 이름 혹은 남자 이름이라고 여겨질 수 있는 본명이 아닌 별칭 사용, 수업에서 성별 혼합 그룹을 만들어 발언하기 쉬운 환경 제공 등을 들고 있습니다.

영국에서는 최근에 학생들에게 성별과 관계없이 교복으로 치마나 바지를 자유롭게 선택할 수 있도록 하는 초등학교와 중·고등학교가 각각 40여 곳으로 늘어났다고 합니다. 또한 초등학교에 입학할 때 아이가 자신의 성별 정체성을 원하는 대로 써 넣을 수 있도록 하는 방안도 논의 중이라고 합니다. 그보다 앞서 독일에서는 2013년부터 출생 신고서에 성별을 쓰는 항목 자체를 빈칸으로 둘 수 있도록 하고 있고요. 이 밖에도 여자도 남자도 아닌 성별 정체성을 법적으로 등록할 수 있는 나라가 점점 늘어나고 있지요.

하지만 안타깝게도 한국의 현실은 정반대입니다. 날이 갈수록 성별 이분법에 집착하고 차별이 심해지고 있습니다. 2015년 1월 교육부에서 발표한 「학교 성교육 표준안」에서는 '성 정체성과 관련된 장애'라는 항목에서, "건강한 성 정체성을 가진 사람들은 자신 있게 '나는 남자' 또는 '나는 여자'라고 이야기할 수 있다. (중략) 정상적으로 성적 정체성과 성 역할은 일치한다."라고 말하고 있습니다. 이렇게 사회적으로 정의되는 성 역할과 성 정체성이 일치하는 것만이 정상이라는 말은 성 역할에 대한 비판도, 의문도 허락하지 않습니다. 다양한 성별 정체성이 계속해서 '건강하지 않은 것', '비정상적인 것'으로 이야기될 때 성소수자의 삶은 그 자체로 인정받지 못하고 '고쳐야 할 것'으로 평가되고 맙니다.

출생 신고서에서부터 다양성을 인정하는 곳과 자기 자신을 남자나 여자라고 확신해도 사회의 '성 역할'과 맞지 않으면 비정상이 되는 곳이 있습니다. 성별 정체성에 따라 '괴물'이라든가, '변태'라든가, '비정상'이라는 말을 들으면서 따돌림을 당하거나 폭력을 경험할 확률은 과연 어떤 곳에서 훨씬 높을까요? 어떤 곳에서 인터섹스, 트랜스젠더뿐 아니라 성별 이분법과 싸우는 더 많은 사람들이 자존감을 느끼며 자랄 수 있을까요?

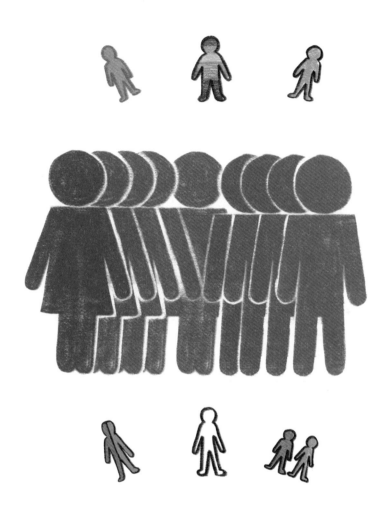

네가 이성애자인 걸 어떻게 확신하니?

이갈리아 유치원 이야기를 다시 해 보겠습니다. 성별의 구분 없이 자라는 두 사람이 서로 좋아하게 되었다고 생각해 보세요. 두 사람은 무엇을 보고 서로를 좋아하고 있을까요? 원피스를 나풀거리며 춤을 추는 친구가 자기 자신을 여자라고 생각하는지 확신할 수 있을까요? 바짝 짧게 자른 머리 밑에 어떤 몸을 가지고 있는 사람인지 과연 예측할 수 있을까요? 머리를 길게 기른 두 친구는 서로의 몸이 똑같이 생겼다고 생각할까요? 자기 자신의 성별 정체성은 스스로 알고 있지만 상대방의 성별 정체성을 모르는 상황에서 자신을 당연히 이성애자라고 생각할까요?

성별 정체성이 다양한 만큼 어떤 성별 정체성을 가진 사람에게 끌리는가에 대한 성적 지향 역시도 다양해질 수밖에 없습니다.

하지만 이성애 중심 사회는 이성애라는 성적 지향을 '정상'의 기준으로 삼아 끊임없이 성별을 이성(異性)으로 구분하고, 여자와 남자 간에만 연애하거나 결혼하는 것을 당연하게 생각합니다. '정상적인' 여자라는 정의에 이미 이성애자라는 성적 지향도 포함되어 있는 것입니다. 사회적으로 정의된 남자답지 못한 모습이나 여자답지 못한 모습을 보일 때 너무도 쉽게 "너 게이야?", "너 레즈비언이야?"라고 추궁하고, 스스로 동성애자라고 이야기했음에도 "여자가 되고 싶은 거야, 남자가 되고 싶은 거야?"라고 끊임없이 묻지요.

이성애 중심주의와 성별 이분법에 대한 집착은 성소수자를 향한 폭력으로 드러납니다. 2006년 발간된 「청소년 성소수자의 생활 실태 조사 보고서」에 의하면, "남자나 여자 같다고 놀림받은 적이 있다."는 청소년은 78.3%, "동성애자라고 알려진 후 학교, 교사, 친구 등으로부터 부당한 대우를 받은 적이 있다."고 응답한 청소년은 51.4%나 되었습니다. 욕설이나 신체적 폭력, 물건을 집어던지거나 소지품을 망가뜨리는 폭력, 성적인 폭력 등을 경험했다고 응답했지요. 성적 지향이 이성애가 아닌 경우뿐 아니라 외모나 태도 등이 이성애자가 '아닐 수도 있다'는 짐작만으로도 폭력에 노출될 수 있습니다.

1973년 미국정신의학회가 동성애는 정신 질환이 아니라는 내용의 성명서를 발표했습니다. 또한 '정신장애 진단 및 통계 편람(DSM)'의 진단명에서 동성애를 삭제하였고, 세계보건기구(WHO)도 1990년 '국제 질병 분류(ICD)'에서 동성애를 삭제했습니다. 이성애가 아닌 성적 지향에 대해 '병이 든 것', '미친 것', '더러운 것', '치료받아야 하는 것'이라고 하는 것은 사실과 다르기 때문입니다. 뿐만 아니라 성소수자가 자기 자신을 긍정할 수 있는 기회를 앗아가고 비성소수자들로 하여금 성소수자를 공격해도 된다고 느끼게 만드는 차별 조장 행위이지요. 특히 학교에서 교사와 학생에 의해 일어나는 성소수자 혐오 행위를 중지하는 것이 시급합니다. 교사에 의해 성소수자 혐오 발언이 지속되고, 학생들 사이에서 성 정체성이 다르다는 이유로 따돌림을 당하고 폭력을 경험하는 일도 빈번합니다. 이를 당장 중지시키지 않는다면, 학교를 퇴학시키거나 자퇴를 종용한다면 이는 청소년 성소수자의 학습권을 심각하게 위협하는 일입니다.

네 나이 때는 그럴 수 있어

성별 정체성과 성적 지향에 대해 부모님에게 처음으로 이야기했을 때 들었던 말은 "네 나이 때는 그럴 수 있어."였습니다. 그때 제 나이가 스무 살이었습니다. 청소년이라 미성숙해서 일시적이고 충동적으로 동성에 대한 끌림을 느낄 수 있다는 말을 듣고 싶지 않아서 기껏 성인이 되어 커밍아웃을 했는데도, 다른 많은 청소년들이 들어야 했던 말이 돌아왔습니다. 서른이 지나 재차 커밍아웃을 했을 때도 똑같은 말을 들었지요. 동성에게 끌리는 것은 '일시적'인 것이고 바뀔 수 있다고 말하는 것은 결국 이성애 말고는 아무것도 인정하지 않겠다는 뜻입니다.

적극적으로 혐오의 표현을 하지 않는다고 다 괜찮은 걸까요? 성 정체성에 대한 고민을 미루게 하는 것 역시 차별입니다. 이성애자는 자신이 이성애자임을 확신하기까지 "동성하고 사귀어 봤어? 동성하고 자 봤어? 이성애는 일시적인 감정일 수도 있잖아. 이성을 좋아하는 마음이 바뀔 수도 있으니까, 일단은 너를 이성애자라고 분명하게 말할 필요는 없을 것 같아."라는 말을 들을 일이 없습니다. 레즈비언이라고 커밍아웃 했더니 "남자와 사귀어 봤어? 남자와 자 봤어? 남자와 결혼하고 아이 낳고 살면 바뀔 수도 있지 않을까?"라고 묻고, 바이섹슈얼(양성애)이라고 커밍아웃 했더니 "너는 남자와도 사귈 수 있고 같이 살 수 있잖아. 굳이 여자와 사귈 필요는 없지 않아?"라고 묻는 이성애 중심 사회. "나는 성소수자입니다."라고 답하기 위해 '이성애자로서' 살아 봐야만 한다면, 그것은 누구를 위해서 낭비되는 시간일까요?

성적 지향이 꼭 영원한 것은 아닙니다. "지금 당신의 정체성은 일시적인 것일 수도 있지 않을까요?"라는 말 자체가 잘못된 것은 아닙니다. 문제는 이성애자에게는 결코 그러한 질문을 던지지 않는 사회의 차별적인 기준입니다.

어린 시절부터 성 정체성을 고민하는 사람도 있고, 성인이 되고 나서야 성 정체성을 깨닫는 사람도 있으며, 성 정체성에 대해 평생을 고민 없이 사는 사람도 있습니다. 본인이 이성애자인 줄 알고 몇십 년을 살았으나 동성 파트너를 만나게 되는 경우도 있고, 그 반대의 경우도 있을 수 있지요. 삶의 경험을 통해 어느 날 문득 변화의 순간을 맞닥뜨릴 수도, 수없이 많은 고민의 시간을 거쳐 변화를 결심할 수도 있어요. 설사 자신을 동성애자라고 여기는 청소년의 감정이 '일시적'인 것일지라도, 그것이 그 시기의 정체성을 부정해도 된다는 근거는 되지 못합니다. 스스로 이성애자라고 생각하는 청소년들의 결정이 일시적인 것은 아닌지, 우려와 걱정의 시선으로 바라보지 않는 것처럼요.

그러나 이성애는 정상, 그밖의 다른 성적 지향은 비정상인 사회에서 이성애자가 아닌 사람으로 보내는 청소년기는 비난받고 배척당하거나, 그저 한때의 해프닝으로 여기도록 권장됩니다. 누군가는 청소년기에 동성에게 끌림을 느꼈지만, 주변의 시선과 사회의 가치로부터 여러 형태의 압력을 받았기 때문에 성인이 되어 이성애자로 살아가고 있을 수 있습니다.

청소년기에 이성애자라고 '섣불리' 판단하기 전에 어떤 성적 지향을 가지고 있는지 고민하고, 질문을 던지고, 혼란을 경험해 볼 기회는 주어지지 않습니다. 이성이 아닌 이에게 끌림을 느낀다고 말했을 때, 주변 사람들에게 지지와 환영을 받으며 자신을 긍정할 기회 역시 얻기 어렵습니다. 이런 사회에서 '일시적으로만' 동성에게 끌림을 느끼는 청소년들이 있는 것은 당연한 일일지 모릅니다.

청소년들의 성별 정체성에 대한 자기 확신을 인정하지 못하는 사회는 성소수자에 대해 이야기하는 것조차도 '보호'라는 논리로 막곤 합니다. 정신적으로 미성숙한 청소년들이 동성애를 접해서는 안 된다고 말하는 것은 "청소년 성소수자는 없다."고 말하는 것과 같습니다. 우리 곁에 있는 누군가가 성소수자일 가능성을 조금도 생각하지 않는 사회에서는 성소수자에 대한 제대로 된 정보를 얻을 수 없고, 청소년들은 성소수자 혐오에 그대로 노출됩니다.

다양한 성별 정체성과 성적 지향은 누군가가 없다고 말한다고 해서 없어지는 것이 아닙니다. 있다고 인정한다고 해서 늘어나는 것도 아니고요. 다양한 성 정체성을 인정하게 되면 늘어나는 것은 자기 자신을 긍정할 수 있는 기회입니다. 물리적, 심리적 폭력을 당하지 않고 안전한 환경에서 교육을 받을 기회, 그래서 더 나은 미래를 얻을 수 있는 기회 그것뿐입니다.

어느 누구도 어떤 집단을 덜 중요하다거나 존중할 가치가 적은 것으로 대할 자격은 없습니다. 우리 모두는, 성적 지향이나 성별 정체성과 상관없이, 똑같은 권리를 누릴 자격이 있고 똑같은 존중과 윤리적 대우를 받을 자격이 있습니다.

ㅡ 2011년 3월, 유엔인권고등판무관 나비 필레, 「동성애 혐오증에 대한 유엔인권고등판무관의 메시지」 중에서

그때까지는, 너를 비밀로

소설 『너를 비밀로』

사우스글렌고등학교 3학년인 홀란드 재거는 학생회장에 공부도 잘하는 데다 명문 대학 입학을 준비하고 있습니다. 그리고 홀란드의 곁에는 평판 좋은 남자 친구 세스도 있습니다. 이렇게 완벽해 보이는 홀란드의 인생에 시시라는 전학생이 들어오면서 소설 『너를 비밀로』는 시작됩니다. 시시는 자신이 레즈비언이라는 것을 드러내는 문구가 쓰인 티셔츠를 입고, 무지개 역삼각형 스티커를 가방에 붙이고 학교에 옵니다. 홀란드는 성소수자 동아리를 만들려는 시시를 도우려다 시시가 바로 자기 삶을 통째로 뒤흔드는 운명의 상대라는 사실을 깨닫게 됩니다. 시시와의 연애가 시작되고, 홀란드는 자신이 보지 못했던 세상에 눈뜨기 시작합니다.

학교 내에서 레즈비언인 시시를 향해 일어나는 혐오 공격들,

『너를 비밀로』| 지은이 줄리 앤 피터스
옮긴이 송섬별 | 이매진 | 2015

준비된 커밍아웃이 아니라 아우팅으로 엄마에게 홀란드가 레즈비
언이라는 사실이 알려진 후 벌어지는 상황은 특히 청소년 성소수
자가 겪을 수 있는 위험을 그대로 보여 줍니다. 월세와 생활비를
감당할 정도로 경제적으로 독립한 상황도 아니고 대학에 진학하
려면 등록금도 부담해야 하는데, 돈 한 푼 없이 쫓겨나 '거리의 청
소년'이 되고 맙니다. 진정한 자신을 찾았다고 해서 해피엔딩이 되
는 건 아닙니다. 하지만 불안한 현실이 내가 어떤 사람인지 깨닫
게 된 순간을 지워 버리지는 못합니다. 청소년기의 '한때' 그럴 수
있는 혼란으로 정의하려고 하는 엄마에게 다시 한 번 자신이 '누
구인지' 커밍아웃 하는 홀란드의 모습에서 반짝거리는 용기를 얻
어 갈 수 있는 소설입니다.

되는 것과 깊은 관련을 맺습니다. 여자를 몸으로 환원하는 이러한 가정은 언제부터 시작된 것일까요?

'근대 철학의 아버지'라 불리는 철학자 데카르트는 여러분도 잘 알지요? 그가 남긴 유명한 말이 있습니다. "나는 생각한다, 그러므로 나는 존재한다(Cogito, ergo sum)." 데카르트는 사람이 생각을 할 때 자신이 존재한다는 것을 알 수 있다고 말합니다. 하지만 사람은 때로는 거울을 보면서, 때로는 내가 나를 만지면서 자신의 존재를 알 수도 있습니다. 그런데 왜 "나는 나를 만진다, 그러므로 나는 존재한다."가 아니라 생각하기 때문에 존재한다고 말했을까요? 데카르트는 '이성', 즉 '생각하는 능력'이 인간 능력의 핵심이라고 규정했습니다. 데카르트의 말은 이전의 신을 중심으로 한 중세의 세계를 지나, 비로소 인간 중심의 근대 시대에 도달했다는 신호탄과 같은 말인 것이지요.

데카르트에게 '이성'이 중요한 이유는 바로 이성이 육체를 통제할 수 있기 때문입니다. 데카르트는 정신과 육체 사이에 위계적인 가치를 부여했습니다. 정신이 육체보다 위대하고 중요하다고 생각한 것이지요. 나아가 위대한 정신, 즉 이성이 불안정하고 동물과 같은 육체, 다시 말해 인간의 몸을 지배해야 한다고 생각한 것입니다. 그렇다면 이때 이런 정신을 가진 존재, 생각하는 존재는 누구일까요? 데카르트라면 '인간(man)'이라고 대답했겠지요. 하지

만 여기에서의 인간은 사실 '남성'을 의미할 뿐 여성은 포함되어 있지 않습니다.

그럼 여성은 무엇일까요? 여성은 바로 이성이 지배해야 하는 자연 혹은 몸으로 분류됩니다. 앞서 보부아르가 지적한, "여자는 자궁이고, 난소"라는 말이 여기 해당됩니다. 여성은 이성이 없는 자연 상태의 몸 자체로 정의되지만, 이성을 가진 남성은 자신의 몸을 지배하고 길들일 수 있다고 가정하는 것이지요. 다시 말해 여자들은 몸에 사로잡혀 살지만, 남자들의 몸은 자신의 정신 활동의 결과로 분류될 수 있는 것입니다.

여자를 원료로 하는 다양한 산업

여러분은 '내 몸의 주인은 나'라고 생각하나요? 이 말은 지극히 당연한 말입니다. 그런데 내 몸의 주인이 내가 아닐 수도 있을까요? 안타깝게도 '내'가 '여성'이라면 그럴 수 있습니다. 여성은 이성을 가진 존재가 아니라 몸만 가진 존재로 분류되기 때문입니다. 이성이 없는 여성은 자기 몸의 주인이 되지 못하는 것이지요. 그러므로 '내 몸의 주인은 나'라는 말은 '여성도 이성을 가진 존재'라는 말이기도 합니다.

게다가 오늘과 같은 소비자본주의 시대에 여성의 몸은 그 무엇보다 손쉽게 많은 이윤을 낼 수 있는 상품입니다. 여성의 몸이

야말로 '황금알을 낳는 거위'인 것이지요. 이런 사회에서 '내 몸의 주인은 나'라는 선언은 더더욱 실현되기 어렵습니다. 여성의 몸을 통해 이윤을 낼 수 있는 각종 성 산업이 여성들을 소유하기 위해 갖은 노력을 기울이고 있기 때문입니다.

여성의 몸이 상품이 된 이런 현상은 여성의 성을 상품화하는 산업과 밀접한 연관을 맺습니다. 이러한 성 산업으로는 대표적으로 성매매 산업이 있고, 또 한편에 '포르노(포르노그래피)' 산업이 있습니다. 성 산업은 여성의 몸과 성을 이윤의 원천으로 삼기 때문에 끊임없이 여성들을 자신들의 산업 안으로 진입시키기 위해 노력합니다. 원료가 있어야 상품이 만들어질 수 있는 것처럼 '몸을 가진 여성'이 있어야 성 산업이 작동할 수 있다는 이치인 것이지요.

성 산업은 다양한 방법으로 여성들을 옭아맵니다. 예를 들어 성매매 업소에서는 여성들에게 높은 이자를 붙인 돈을 먼저 빌려 준 후 이들이 돈을 갚기 전까지 업소를 떠날 수 없게 만드는 방법을 씁니다. 포르노 제작 회사에서도 유사한 방식으로 여성들을 묶어 두고 있다는 증언이 많습니다. 포르노 산업이 엄청나게 발달한 일본에서 실제 벌어진 일을 여러분에게 소개해 볼까 해요.

스물네 살의 고자이 사키 씨는 어느 날 스카우트에게 길거리 캐스팅이 됩니다. 고자이 씨는 매우 기뻤습니다. 뮤직비디오에 출연하면 당장 스타가 될 것 같았거든요. 그래서 스카우트가 소개한

한 에이전시와 계약을 맺었습니다. 하지만 이 에이전시는 포르노 제작 회사였고, 그녀는 결국 '강제적으로' 포르노 영화를 찍게 되었습니다. 이때 '강제'라는 것이 꼭 물리적인 폭력이 동반되는 것은 아닙니다. 그녀는 첫 출근 날 자신을 기다리는 20명의 스태프에 둘러싸였고, 어쩔 수 없이 포르노를 찍을 수밖에 없었다고 말합니다.

이처럼 고자이 씨가 스스로 계획하거나 원하지 않은 포르노 영화를 찍게 된 배경에는 일단 찍기만 하면 큰 수익을 낼 수 있는 거대한 포르노 산업 네트워크가 있습니다. 포르노 산업은 자신들의 이익을 위해서라면 어떤 여성이든 일단 이곳에 진입시키려고 합니다. 이러한 상황에서 사기나 폭력이 개입하지 않을 수 없겠지요. 고자이 씨가 계약 사기를 당한 것은 그녀가 특별히 운이 없었기 때문이 아닙니다.

우리나라에서도 국내 최대 규모의 '몰카(몰래카메라)' 사이트가 사회적인 문제로 부상한 적이 있습니다. 1999년 개설된 이 몰카 사이트는 1년 만에 회원이 100만 명을 넘어섰다고 합니다. 여성들의 동의 없이 촬영된 성관계 장면, 신체 부위 등 엄청나게 많은 '몰카' 영상이 업로드되어 있었습니다. 설사 여성들의 동의 하에 촬영된 영상이라 하더라도 대다수 여성들은 자신의 영상이 유포되는 것에는 동의하지 않았습니다. 심지어 이 사이트에서는 여성을 강간하는 영상도 업로드되었고, 회원들이 여성의 강간을 모의하기도 하였습니다. 페미니스트들은 사이트 폐쇄를 강력하게 요구하였고, 다행히 경찰 수사가 진행되면서 사이트는 폐쇄되었습니다. 하지만 사이트를 운영하면서 막대한 이익을 얻은 운영진은 아직도 검거되지 않고 해외로 도피 중입니다. 운영진 외에도 광고업자 등 수많은 사람들 역시 사이트가 운영되는 동안 엄청나게 많은 돈을 벌어들였을 것입니다.

그렇다면 이러한 영상을 다운받아 보는 사람들은 누구일까요? 이들은 왜 여성들의 동의 없이 촬영된 영상을 소비하고 있는 것일까요? 이들은 '영상에 등장하는 여성들의 사연은 안됐지만 이미 사이트에 올라온 이상 어쩔 수 없다'고 생각하며, 자신은 책임이 없다는 태도로, 또한 이것이 불법 '몰카'라는 것을 알고 있으면서도 쉬쉬하며 여성의 몸과 성을 소비하고 있습니다. 그리고 이런 남성들의 무책임한 소비 덕분에 이 사이트는 천문학적인 수익을 냈습니다. 인터넷 사이트 하나만 만들면 이렇게 손쉽게 돈을 벌 수 있는 환경 때문에 여성을 표적으로 하는 각종 '몰카'가 등장하게 되는 것입니다.

성매매 산업도 다르지 않습니다. 여성들이 '자발적으로' 성매매 업소에 유입되었다고 하지만 여성들이 동의한 부분이 어디까지인지 명확하지 않습니다. 이 때문에 성매매 업소에서 일하던 여성들이 손님으로부터 성폭력을 당한 후 용기를 내서 피해를 증언해도, 자신이 동의해서 업소 일을 한다는 이유로 성폭력 피해가 인정되지 않는 경우가 많습니다. 심지어 조사 과정에서 성매매 업소에서 일한 여성이라는 손가락질까지 받기도 합니다. 결국 여성들은 성매매 업소에서 일한다는 이유로 자신의 피해를 적극적으로 세상에 알리지 못하게 됩니다. 여성들이 짧은 옷을 입고 거리를 활보하는 것이 '몰카'에 찍히는 것에 대한 동의가 아닌 것처럼, 여성들이 성매매 업소에서 일하는 것이 성폭력에 대한 동의가 아닌데도 말입니다.

여성들이 동의하지 않은 영상이 유통되고, 여성들이 동의하지 않은 성폭력이 일어나는 이유는 여성들이 성적으로 대상화되어 있기 때문입니다. 여성이 성적인 관계에서 성적 대상의 지위에 머물러 있기 때문에 성적 주체인 남성의 쾌락에 동원되는 것이 당연하다고 생각되는 것이지요. 이처럼 성을 남성 중심적으로 생각한 결과, 남성들의 성적 실천은 폭력과 매우 밀접하게 맞닿아 있습니다. 여성들의 동의는 중요하지 않은 것으로 간주되는 것입니다.

남성들이 자신의 쾌락을 위해 여성의 몸을 손쉽게 소비할 수 있도록 여성을 성 산업에 유입시키고 있지만, 많은 사람들은 성을 구매하는 남성들이 아니라 성매매 여성들의 행실을 문제 삼습니다. 남성들 역시 여성들을 비하하고 혐오하면서 동시에 이들의 몸을 소비하고 있습니다. 여성들이 아무리 '내 몸의 주인은 나'라고 주장한들, 여성들을 몸으로 환원하는 거대한 여성 혐오와 성 산업의 물결 속에서 여성들은 내 몸의 주인이 되지 못하고 있습니다.

여성의 몸, 여성주의 정치학

예로부터 여성은 몸 자체만으로도 정신을 흐트러뜨리는 존재로 여겨져 왔습니다. 많은 종교에서 여성을 사제로 인정하지 않는 이유가 바로 여성이 유혹적인 몸을 가지고 있기 때문이라고 합니다. 이러한 논리는 여자라면 한 남자로부터 사랑과 보호를 받고, 출산을 하고, 아이를 돌보며, 집안의 꽃과 같은 존재가 되어야 한다는 명령으로 이어집니다. 통제할 수 없는, 악마적인 여성의 몸은 남성의 그늘 아래에서 순종적으로 길들여져야 한다는 것이지요.

여성들은 자신의 몸과 성의 주체가 되지 못했습니다. 편의점에서 생리대를 구입할 때 생리대가 눈에 띄지 않도록 아직도 검은 비닐봉지에 담아 주나요? 여성들의 몸의 경험, 성 경험은 그것이 아무리 자연스러운 일이라고 해도 숨겨야 하는 비밀로 취급되었습니다. 동시에 남성들의 성적 쾌락의 도구로 여성들의 몸과 성이 동원되고 있습니다. 남자들은 여자들의 몸과 성을 품평할 수 있지만 여성들은 자신의 몸과 성의 권리에 대해 말할 환경이 보장되지 않았던 것입니다.

세상은 '내 몸의 주인은 나'라는 지극히 '당연한 말'을 도무지 알아듣지 못하고 있습니다. 이 때문에 페미니스트들은 세상을 변화시키기 위해 오늘도 거리에서 여성의 몸과 성을 소비하는 공공연한 성 산업을 규제하라고 외칩니다. '몰카'를 규제하라고 외칩니다. 또한 여성 자신의 판단과 계획에 의해 임신을 중단하는 것을 '죄'라고 규정하고 있는 현행 '낙태죄'를 폐지하라는 외침도 이어지고 있지요. 내가 짧은 옷을 입는 것이 남성들이 나에게 성폭력을 가해도 된다는 메시지는 아니라고 외칩니다. 이처럼 여성들이 내 몸의 주인이기 위해서는 남성들을 성적 주체로, 여성들을 성적 대상으로 규정하고 있는 문화 전반에 대한 성찰을 요구해야 합니다.

하지만 이런 여성들의 입을 틀어막기 위해 또다시 다양한 반응이 등장하고 있습니다. '꼴페미'라는 손가락질, 성질이 고약한 여자들이라는 시선, '프로불편러', '낙태충'이라는 단어들. 하지만 자신이 불편을 느끼는 것에 대해 변화가 필요하다고 주장하는 사람들은 '꼴페미'나 '프로불편러'가 아니고 선구자이자 혁명가입니다. 우리는 더 많은 자유를 우리의 것으로 만들기 위해 노력하는 것을 게을리하지 말아야 합니다. 이러한 자유는 아무도 해치지 않습니다. 고작 '내 몸의 주인은 나'라는 주장일 뿐인걸요.

페미니스트 추천템

핫 플레이스, 이태원의 또 다른 얼굴

영화 <이태원>

　이 영화의 배경은 서울의 이태원입니다. 이태원은 최근 유행에 민감한 젊은이들 사이에서 '핫 플레이스'로 부상하고 있지요. 하지만 용산 미군기지 근처에 자리한 이태원은 사실 오래전부터 미군들이 유흥을 즐기던 '기지촌' 지역이었습니다. 이태원에는 미군들이 좋아할 만한 음악과 술, 음식 그리고 한국 여자가 있었지요. 그리고 영화 <이태원>은 이 여성들을 주목합니다.

　영화에는 이태원에서 미군들을 상대하며 오랜 시간 살아온 세 명의 여성이 등장합니다. 한 명은 미군 클럽을 운영하던 여성이고, 다른 두 명은 미군 클럽에서 일하던 웨이트리스 여성입니다. 이태원은 해방 후 미군기지가 들어서면서 미군들의 달러가 모이는 곳이었습니다. 한국 정부는 이들의 달러를 벌어들이기 위해서

〈이태원〉| 강유가람 감독 | 2016

기지촌 여성들의 존재를 묵인했지요. 아니, 오히려 정부가 앞장서서 여성들의 몸과 성을 외화벌이의 전선으로 내몰았습니다. 하지만 우리나라는 이 여성들을 천대했습니다. '양색시', '양공주' 등으로 부르며 손가락질을 했지요.

　　최근 이태원에는 재개발 열풍이 일어나고 있습니다. 이전의 추하고 더러운 것들을 없애고, 새로운 아파트, 빌딩이 들어서는 것이지요. 이렇게 사라져야 할 '추하고 더러운 것'에는 한국인들로부터 손가락질받던 여성들도 포함되어 있습니다. 이들은 현재 점점 가난해지고 늙어 가고, 잊히고 있습니다. 영화 〈이태원〉은 아무도 관심을 두지 않는 이들의 삶과 존재를 드러내 보이면서 현재의 우리에게 어디로 나아갈 것인지 질문하고 있습니다.

9. 노동

귀한 일, 천한 일,
이상한 일

: 최은영(路美莃, Romio) :

공부, 운동, 춤, 그림 그리기 등 잘하는 것이 너무 많아 사람들의 얄미움을 사곤 했다. "너미워, 너미워, 너미워", 그러다 '로미오'가 되었다. 그때가 1997년이니, 20년 전쯤부터 로미오라는 이름으로 살아왔나 보다. 지구에서의 생(生)의 풍광이 아름답기를 희망하며 가진 것 없는 중에 나눌 만한 것은 강의나 글로 내어 주며 살고 있다. 국민대, 홍익대, 서울시립대, 서울여대, 한성대 등 여러 대학에서 여성학 강의를 해 왔다. 현재는 서울대 여성연구소 연구원, 한국양성평등교육진흥원 성폭력 전문상담원, 한국여성민우회 정책위원으로 활동 중이며, 한성대에서 성과 사회를 가르치고 있다. 공역한 책으로 『여자들의 사상』이 있다.

여자아이니까 험한 일 하지 마

저는 중학생 때 새벽에 일어나 신문 배달을 했습니다. 발품을 팔아 하는 일이라 많은 양을 소화하지는 못했고, 보급소에서 가장 가까운 동네 한 곳을 맡았던 기억이 납니다. 한 달을 일하고 받는 돈은 얼마 되지 않았지만 스스로 자유로이 쓸 수 있는 재미가 있어 새벽에 일어나 눈곱만 떼고 달려 나가곤 했습니다. 나름의 수고로움을 견디며 열심히 용돈 벌이를 하던 중, 또래였지만 저보다 건장하고 힘이 센 남자아이가 제 일까지 자기가 하겠다며 월급을 올려 달라고 했고, 저는 일자리를 잃었습니다. 다음 날 새벽녘 습관처럼 떠진 눈에서는 눈물이 펑펑 쏟아졌지요. "가정 형편이 안 좋은 것도 아니고, 여자아이니까 험한 일 하지 마라."라는 말이 일자리를 뺏겨 억울한 마음 위로 둥둥 떠다녔습니다. 당시에는 제 슬픔에 뭐라고 이름을 붙여야 할지 몰랐습니다. 이것이 저의 첫 노동 경험입니다. 그 후로 저는 집안에서 그동안 어머니의 일이었던 가족들이 마실 녹즙을 짜고 녹즙기를 씻어 정리하는 일이나, 아버지의 구두를 닦아 용돈을 불리는 것 외에는 할 수 있는 것이 없게 되었습니다.

저의 10대 시절을 지나 훌쩍 시간이 흐른 지금, 우리 사회는 얼마나 달라졌을까요? 언뜻 보기에 10대들이 할 수 있는 아르바이트 자리는 훨씬 많아졌습니다. 예전에 없던 편의점도 생겼고, 커피 전문점, 패스트푸드점, 패밀리 레스토랑도 많아졌습니다. 또 배달 아르바이트도 생겨났지요. 그러나 일자리는 늘었어도 늦은 시간대에 하는 일이나 배달, 그리고 소위 '힘쓰는 일'은 소년들이 하고 판매나 정리, 청소, 서비스와 같은 일은 소녀들이 합니다.

여성 버스 운전기사, 여성 소방관, 여성 경찰, 여성 군인, 여성 의사, 여성 법조인, 여성 CEO, 여성 정치인도 낯설지 않습니다. 어머니가 직업을 가지는 경우도 많아졌지요. 그러나 우리 사회의 성별 분업 구조는 여전해 보입니다. 여성들이 전보다 다양한 영역에 진출했지만 남녀가 평등해졌다고 말할 수는 없습니다.

집에서 논다?

우리 사회에서는 여성이 집 안에서 일을 하고, 남성이 집 밖에서 일하는 것을 자연스럽다고 여깁니다. 정치, 경제, 법, 의료, 과학기술 등의 영역에서 남성이 주된 역할을 하는 것이 당연하다고 생각하는 것이지요. 우리의 어머니들은 쉬지 않고 끊임없이 일해왔지만 집 밖에서 직업을 갖지 않았을 때는 어김없이 "집에서 논다."라는 말을 들어야 했습니다. 직업이 있는 어머니들도 집안일을 소홀히 할 경우에는 책임을 다하지 않는 사람으로 비난을 받았습니다. 여성이 일을 하지 않아서가 아니라 여성의 일을 '일'로 인정하지 않았기 때문입니다. 그리하여 여성의 일은 여성으로 태어나면서부터 당연히 해야 하는 일로, 대가를 지불하지 않아도 되는 일로 취급되었지요.

그러나 가사 노동은 어머니나 여성만이 책임져야 하는 일이 아니라, 집이라는 한 공간에 살고 있는 모두가 쾌적하게 지내고 휴식을 취할 수 있도록 가정의 구성원들이 함께해야 하는 일입니다. 청소는 누가 하고, 빨래는 누가 하고, 장보기는 누가 하고, 요리는 누가 하고 등 일의 목록을 나누는 것이 아니라 구성원으로서 다 같이 책임이 있는 일임을 알아야 합니다. 그래서 '내 일이 아닌 것'을 '대신'하거나 '도와주는 것'이 아니라 책임감 있는 가족 구성원으로서 역할을 하는 것입니다.

여성과 남성은 같은 공간, 같은 사회에서 살아가더라도 각기 다른 방식의 경험을 하고, 경험의 의미도 다릅니다. 예를 들어, 아버지가 집안의 가장인 경우와 어머니가 가장인 경우 사람들의 시선은 완전히 다르지요. 아버지가 가장인 경우를 이상하게 보는 사람들은 없지만 어머니가 가장인 경우에는 십중팔구 '저 집은 무슨 문제가 있나?' 하는 시선을 받게 됩니다. 아버지가 하는 설거지와 어머니가 하는 설거지도 다르지요. 어머니의 설거지는 당연하게 받아들이지만 아버지가 설거지를 하면 '어머니를 잘 도와주는 자상한 아버지' 혹은 '엄마한테 잡혀 사는 아버지'라는 소리를 듣습니다. 또 아버지가 벌어 오는 돈과 어머니가 벌어 오는 돈은 다르게 쓰이는 경우가 많습니다. 아버지가 벌어 오는 돈은 집안을 꾸려 가는 중요한 역할을 하고 어머니가 벌어 오는 돈은 '부수입'으로 취급됩니다. 아버지와 어머니가 같은 회사에서 같은 일을 한다 해도 그 노동이 같은 가치로 받아들여지는 법은 없습니다.

우리 사회는 남녀 간의 차이를 타고난 차이로, 고정 불변하는 것으로 딱딱하게 사고하는 경향이 있습니다. 심지어 남녀 차별을 정당화하는 근거로 사용하기도 하지요. 그리하여 남성이 하는 일과 여성이 하는 일의 가치를 다르게 매깁니다. 남성과 여성은 분명 다른 부분이 있습니다. 그러나 서로 다르다는 이유로 어느 한쪽이 차별받아서는 안 되는데, 남녀 간의 '성차'(sexual difference)를 남녀 차별을 정당화하는 근거로 사용하는 것은 문제가 있습니다.

　　남자와 여자는 생물학적으로 다를 뿐 아니라 서로 다른 특성을 가지고 있습니다. 다른 특성을 갖도록 타고나서가 아니라 생물학적 성별이 남자냐, 여자냐에 따라 남성은 남성으로, 여성은 여성으로 각각 다르게 훈련받고 다른 방식으로 키워졌기 때문입니다. 가정이나 학교에서 남자는 남자답게, 여자는 여자답게 말하고 행동하도록 교육받습니다. 남녀의 생물학적 차이가 아닌, 사회·문화적 차이를 '젠더(gender)'라고 한다는 것은 이 책의 맨 앞에서도 이야기되었지요? 젠더는 사회가 성별에 따른 차이를 만들어 내는 방식이라고 볼 수 있습니다. 개인의 정체성, 여성과 남성의 행동에 대한 기대, 우리 일상생활을 이끄는 규범 등을 포함합니다. 정치나

경제, 법, 가족과 같은 사회제도에도 '젠더'는 스며들어 있습니다. 우리는 어린이 보호구역 횡단보도의 표지판에 여성과 아이가 그려져 있는 것을 이상하게 여기지 않습니다. 공공 화장실에 남성이 아기 또는 아이와 함께 이용할 수 있는 시설이 설치되어 있지 않아도 문제를 제기하는 사람은 없습니다. 여성 정치인과 남성 정치인에게 기대하는 역할이 다르고, 여성 정책이라는 말은 있지만 남성 정책이라는 말은 없습니다. 일과 가정의 양립을 돕는 정책들이 고안될 때도 여성만을 염두에 두는 경우가 많습니다.

페미니즘은 생물학적으로 남녀가 다르다는 것을 부정하지 않습니다. 다만 현재의 여성다움 혹은 남성다움의 규정에는 사회·문화적인 영향이 있음을 분명히 하고자 '젠더' 개념을 사용합니다. 남성과 여성의 일에 대한 가치가 다르게 매겨지는 것도 '젠더' 개념으로 설명할 수 있습니다.

귀한 일, 천한 일, 이상한 일

여러분은 '노동' 하면 어떤 이미지가 떠오르나요? 현대 사회에서의 노동은 매우 다양한데도 우리는 '노동' 하면 고된 몸, 땀을 뻘뻘 흘리며 몸을 쓰는 일을 하는 모습, 기름때나 흙먼지를 묻히고 작업을 하는 모습 등 육체노동에 국한된 이미지를 떠올립니다. 그렇기 때문에 '노동'해서 돈을 버는 것이 아닌, 머리를 써서 돈을 버는 사람이 되기 위해 공부를 하고 스펙을 관리합니다. '노동'하는 노동자가 되지 않기 위해 수많은 시간과 비용을 들입니다. 그러나 몸을 쓰는 것만이 '노동'일까요? 아니, 몸을 쓰는 것과 머리를 쓰는 것을 명쾌하게 나눌 수 있을까요?

흔히 몸을 주로 쓰는 노동은 육체노동, 머리를 주로 쓰는 노동은 정신노동으로 구분하곤 합니다. 나아가 육체노동은 '천한 일'로, 정신노동은 '귀한 일'로 취급하지요. 그러나 노동을 육체노동과 정신노동으로 나누는 것 자체가 잘못된 구분입니다. '천한 일'과 '귀한 일'로 가치를 매기는 것도 물론 잘못이고요.

여러분이 들어 본 적이 있는지 모르겠지만 '육체노동·정신노동'처럼 잘못된 구분이 또 있습니다. 바로 '실행노동'과 '구상노동'의 구분입니다. 실행노동은 말 그대로 실행을 하는 노동을 말합니다. 구상노동은 실행노동에 앞서 어떻게 실행할 것인가를 구상하는 것을 의미하고요. 이러한 구분은 주로 노동하는 사람들의 지위나 직급의 차이가 큰 조직에서 이루어집니다. 궁리해서 시키는 사람과 실제로 일하는 사람이 구분되는 것이지요.

실행노동과 구상노동 역시 노동하는 사람 안에서 통합이 이루어지기 때문에 이것을 구분하는 것은 잘못입니다. 예를 들어 100개의 우편물을 발송해야 하는 작업을 가정해 봅시다. 실행노동과 구상노동을 구분하는 조직이라면 일하는 사람은 위에서 시킨

대로 100개의 우표를 일일이 정해진 자리에 붙이고만 있을 것이고, 그렇게 하지 않았을 때는 일을 제대로 수행하지 않았다는 평가를 받을 것입니다. 그러나 실행노동과 구상노동을 구별하지 않는 조직이라면 노동하는 사람에게 100개의 편지를 발송하라는 업무를 전달하여 업무의 내용에 자율성이 존재할 수 있도록 여지를 주겠지요. 이런 조직에서는 우체국에 들러 일괄처리를 하거나 편지보다는 이메일이 더 좋을 것 같다는 의견도 충분히 받아들일 수 있습니다.

실행노동과 구상노동을 구분하다 보면 실행노동을 '천한 일'로, 구상노동은 '귀한 일'로 여기게 됩니다. 일을 시키는 사람은 실행하는 사람을 동등한 파트너로 인정하지 않고 '아랫사람', '어린 사람', '나보다 못한 사람'이라고 여깁니다. '시키는 일만 잘하는 사람'이거나 '구상노동을 할 줄 모르는 사람'으로 취급하는 것입니다.

여러분 중에 남이 시키는 일만 잘하면서 살고 싶은 사람이 있나요? 그런 사람은 아마 없을 것입니다. 시키는 일만 잘하는 사람은 자신의 노동으로부터 소외되고, 행복감이나 일을 통한 만족을 얻기 어렵습니다. 또 언젠가는 기계나 다른 '시키는 일만 잘하는 사람'에게 밀려나게 됩니다.

이 밖에도 보수나 지불이 행해지는가에 따라서 노동을 구분하는 경우도 있습니다. 바로 '무보수노동'과 '보수노동'이지요. 무보수노동은 감정노동과 보살핌노동이 대표적인데, 오랫동안 보수가 지불되지 않았고 특히 집안에서 여성들에 의해 수행되어 온 노동을 가리킵니다. 집안일을 하고 아이를 돌보는 일은 어느 가정에서나 꼭 필요한 일임에도 불구하고 가격은 책정할 필요가 없었으니 참으로 '이상한' 노동이지요.

　이러한 무보수노동도 사회적으로 행해지는 경우에는 보수가 지불되기는 하지만 이 역시도 제대로 된 노동의 가치를 반영하여 보수가 책정되지는 않습니다. 가사 도우미와 육아 도우미, 또는 간병인을 고용할 경우를 생각해 보면 하는 일에 비해 보수가 무척 낮다는 것을 알 수 있습니다. 그런데 재미있는 것은 이러한 노동이 여성이 아닌 남성에 의해 행해지게 되었을 때는 그 가치와 임금이 획기적으로 상승한다는 것입니다.

　육아도 마찬가지입니다. 〈아빠 어디가〉, 〈슈퍼맨이 돌아왔다〉 등의 육아 프로그램에서는 연예인 아빠들이 아이와 놀거나, 아이를 돌보면서 돈을 법니다. 집 밖에서 직업을 가진 여성들에게는 육아 문제가 이중, 삼중의 부담으로 작용하거나 양자택일의 문제가 되기도 하고 심지어 경력이 완전히 단절되는 사안이기도 한데, 남성들에게는 육아가 '힐링'이자 행복하고 소중한 경험 쌓기가 된 것입니다.

여성이 하지 못하는 남성의 일도 없으며, 남성이 하지 못하는 여성의 일도 없습니다. 여성에게 적합한 일, 여성이 더 잘하는 일, 여성이 하면 좋을 일, 여성이라면 당연히 해야 할 일, 여성이라면 당연히 잘해야 하는 일 같은 것도 없습니다. 남성도 마찬가지입니다.

"아무리 그래도 여성에게 맞는 일과 남성에게 맞는 일이 있지 않나요?"라는 의문이 가시지 않는다면 그것은 여러분의 생각 안에 자신도 모르게 생물학적 결정론이 자리하고 있기 때문입니다. 생물학적 결정론은 '여성' 또는 '남성', '백인' 또는 '흑인'처럼 어떤 부류에 속한 사람들이 가지고 있는 생물학적, 유전적 차이가 그 사람의 성격과 행동을 결정한다는 생각입니다. 여성으로 태어나면 여성적 특성을 가지게 되고, 흑인으로 태어나면 흑인의 특성을 가지게 된다는 것이지요. 그러나 조금만 생각해 보면 생물학적 결정론이 오류투성이라는 것을 알 수 있습니다. 같은 여성이라고 하더라도 소극적인 성향을 가진 사람이 있는가 하면 적극적인 성향을 가진 사람도 있고, 다혈질인 사람이 있는가 하면 차분한 기질을 지닌 사람도 있으니까요.

남녀의 생물학적 차이 때문이 아니라, 성별과 무관하게 어떻게 길러졌는가, 누가 얼마만큼 그런 기질을 연마하고 훈련했는가에 따라 서로 다른 기질이 만들어지는 것입니다. 그러므로 남녀의 성격과 행동의 차이는 얼마든지 극복 가능하다고 할 수 있습니다.

용돈 벌이? 생계 벌이?

제가 신문 배달을 하던 때로부터 많은 세월이 흘렀습니다. 그런데 공교롭게도 소녀들의 노동을 둘러싼 상황은 예나 지금이나 별반 다르지 않습니다. 할 수 있는 일의 가짓수는 상당히 늘었지만 상황은 더욱 험해졌습니다. 시간당 최저임금(2017년 6,470원)에도 미치지 못하는 낮은 보수에, 소녀들을 대하는 고용주의 모욕적인 태도는 비일비재하고, 폭력이나 성폭력, 폭언의 위험도 늘상 있습니다. 게다가 돈을 많이 벌게 해 주겠다거나 편안한 숙식을 제공해 주겠다며 유인하는 '성매매'의 덫까지 사방에 널려 있습니다.

이렇게 험한 상황 속에서 여러분 스스로를 지키며 생존하기 위해서는 인권과 노동권을 정확히 알아야 합니다. 이전에 가지고 있던 노동에 대한 고정관념과 편견, 부족했던 이해를 극복하려는 마음가짐이 필요합니다.

여러분 스스로 노동의 목적을 '용돈 벌이'나 '생계 벌이'라고 생각하지는 않았나요? '용돈 벌이'라고 생각하면 일할 권리를 스스로 축소시키게 됩니다. '생계 벌이'라고 생각하면 여러분에게 가해지는 부당함을 참아 내게 됩니다. 여러분이 하는 노동은 '용돈 벌이'나 '생계 벌이'가 아닌 말뜻 그대로의 '노동'입니다. 어른들의 노동과 다르지 않습니다. 여러분이 받는 보수는 노동에 대한 정당한 대가이고요. 마찬가지로 고용한 사람이 여러분의 노동을 '용돈 벌이'나 '생계 벌이'라고 함부로 규정할 수 없습니다. "용돈 정도 벌면 되는 거잖아? 그러니 이 정도만 해."라든가 "돈을 벌어야 생계를 유지한다며? 그럼 뭐든 다 시키는 대로 해야지."라고 하면서 부당한 대우를 하는 것은 명백히 불법입니다.

그리고 우리 사회에서 쉽게 벌 수 있는 돈은 없습니다. 자본주의사회는 하는 일에 비해 터무니없이 많은 돈을 지급하는 법이 없지요. 돈을 쉽게, 많이 벌게 해 주겠다는 유혹의 손길에 넘어간 소녀들은 버는 돈보다 몇 배나 더 많은 성적 착취, 금전적 착취의 굴레에서 헤어 나오지 못하게 된다는 사실을 정확하게 알아야 합니다.

저 또한 여성학을 공부하기 전까지만 해도 세상이 잘못되었다는 생각을 하지 못했습니다. '잘못된 것 아닌가?' 하는 질문조차 떠올릴 줄 몰랐습니다. 혼자서 고군분투하며 당당하게 살아가면 부당한 대우를 받지 않을 거라고 여겼습니다. 여성학을 공부하고 나서야 어렸을 때 이름 붙일 수 없었던 분노와 억울함이 '불평등'이었음을 알게 되었습니다. 우리 사회가 여성으로서의 경험을 무시하고, 여성으로서의 생각을 억압하는 '차별과 폭력의 세계'라는 것을 뒤늦게 알게 되었습니다.

스스로에게 물어보세요. 노동을 무엇이라고 생각하나요? 감정노동과 보살핌노동의 가치를 발견할 수 있나요? 오늘 한 일은, 노동은 무엇인가요? 그것에 감정노동과 보살핌노동이 포함되어 있나요?

생각이 변화하는 데에는 절대적인 시간이 필요합니다. 생각의 변화가 일어나기까지의 시간을 단축하고 생각의 폭과 깊이를 확장하는 데 도움이 되는 방법으로 주변을 관찰할 것을 추천합니다. 여러분이 머물렀던 공간에 존재하는 수많은 노동을 관찰해 보세요. 구인·구직 광고, 길바닥에 뿌려진 전단지와 명함, 길거리 신문의 구직란, 오늘 들른 편의점, 서점, 카페, 음식점, 학교, 학원, 이용한 교통수단, 들어갔던 인터넷 사이트 등등 생활 세계 곳곳을 탐색해 보세요. 어떤 경험을 하느냐보다 어떻게 성찰하고 해석하느냐가 더 중요합니다. 관찰로부터 무엇을 알게 되었는지 말해 보세요. 또 앞으로 할 수 있는 일, 하게 될 일을 떠올려 보세요. 한 달 후, 1년 후, 10년 후에 여러분의 노동은 어떻게 달라져 있을지 짐작해 보세요. 노동에 대한 여러분의 생각이 세상을 바꿀 것입니다.

카트를 미는 사람들

영화 〈카트〉

'노동'이라는 소재는 흥행을 보장하기 어렵기 때문에 상업적인 영화에서는 좀처럼 다루지 않습니다. 그렇다고 노동을 다룬 영상물이 없는 것은 아니지요. 노동과 관련된 영상물들은 주로 현실을 기록한 다큐멘터리나 현장 고발의 성격을 띠는 르포(르포르타주, Reportage) 형식으로 제작되는 경우가 많습니다.

2014년 개봉한 영화 〈카트〉는 상업 영화 중 여성들의 노동을 다룬 유일한 영화라고 할 수 있습니다. 〈카트〉는 대형 마트에서 비정규직으로 일하고 있는 여성들을 주인공으로 한 영화입니다. 한국 사회에서 여성 노동이 처한 현실을 이들의 삶을 통해 보여 주고, 서로의 연대를 통해 현실의 부당함과 차별에 대항하는 힘 있는 여성 노동자로 자리매김하는 과정을 희망의 메시지로 전

오늘 나는 해고 되었다
고딩 알바생 | 도강수

카트
2014.11

〈카트〉 | 부지영 감독 | 2014

달합니다.

　　제목도, 내용에 대한 소개도 여러분들의 흥미를 끌지 못할 수 있겠네요. 하지만 이 영화에는 아이돌 그룹 'EXO'의 디오, 도경수가 염정아의 아들인 태영 역으로 나옵니다. 태영은 청소년들의 아르바이트 노동 현실을 압축적으로 보여 주는 인물입니다. 〈카트〉의 부지영 감독은 보다 많은 사람들, 특히 청소년들이 이 영화를 봤으면 좋겠다는 생각에서 도경수를 섭외했다고 합니다. EXO의 디오를 보기 위해 이 영화를 본 많은 청소년들도 〈카트〉를 노동에 대해 다시 한 번 생각해 볼 수 있는 의미 있는 영화로 기억하고 있을 거예요. 여러분에게도 영화 〈카트〉를 강력 추천합니다.

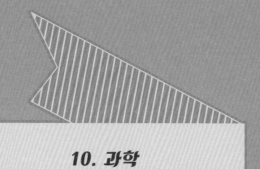

10. 과학

Why So Science?

: 하정옥 :

한때 수학과 과학을 좋아했지만 마흔이 넘어서야 정말로 좋아했던 것은 수식이나 자연현상이 아니라 그 안에 담긴 이야기였다는 사실을 발견하고는 어떻게 하면 재미있는 이야기꾼이 될 수 있을까 궁리 중이다. 최근 논문으로「한국의 임신·출산 거래 연구: 생식기술과 부모됨의 의지」,「재생산권 개념의 역사화·정치화를 위한 시론」이 있고, 지은 책으로『젠더와 사회』(공저),『International Science and Technology Education』(공저) 등이 있다.

과학의 느낌적인 느낌

여러분은 과학이라는 말을 들으면 어떤 느낌이 드나요? '윽~' 하면서 인상을 찌푸리는 친구도 있을 것이고, 호기심으로 바짝 다가앉는 친구도 있을 것입니다. 여러분의 이런 반응은 단지 개인의 취향 문제만이 아니에요. '여성과 과학'이라는 논의와 연관이 되어 있답니다. 여성의 입장에서 과학은, 그리고 과학의 입장에서 여성은 어떤 이슈를 제기할까요? 바꿔 말하면 우리는 왜 여성과 과학을 함께 생각해 보아야 할까요?

저는 중·고등학생 때 수학과 과학을 좋아했습니다. 그리고 실험실에서 연구하는 과학자가 되고 싶다고 장래 희망을 말하곤 했습니다. 그러나 수학과 과학을 좋아하는 여학생을 평범하게 받아들이거나 과학자를 꿈꾸는 여학생을 격려하는 사람들은 없었습니다. 부모님조차 약사나 과학 교사가 될 것을 제안하셨지요. 누구도 과학자를 꿈꾸는 저를 응원해 주거나, 과학자로서 행복하게 살 수 있다고 말해 주지 않았습니다.

여러분에게 '과학자' 하면 떠오르는 이미지는 아마도 아인슈타인과 같이 부스스한 머리를 하고 실험에 몰두하고 있는 남성이겠지요? 실험 가운을 입고 있는 여성의 모습을 떠올리기는 쉽지 않을 거라 생각합니다. '과학은 가치중립적이며 객관적이다.'라는 말을 많이 들어 봤을 거예요. 과학의 세계는 정치적 논리와 무관하며, 누구든 기본적인 훈련을 받고 관찰과 실험을 통해 연구 결과를 만들어 내면 그것은 객관적 진실로 인정된다는 말입니다. 그런데 여기서 다시 한 번 궁금증이 일기 시작합니다. 과학이 가치중립적이고 객관적이라면서, 왜 여성 과학자의 모습은 상상이 잘 안 되고, 심지어 꺼려지기까지 할까요?

그 이유는 이상과 현실의 괴리 때문입니다. 과학 저술가 마거릿 버트하임은 『피타고라스의 바지』에서 서구의 근대과학이 확립된 이후, 직업으로서 과학 분야는 종교와 군대만큼이나 여성에게 호의적이지 않았다고 말합니다. 실제 한국에서도 10년 전에는 자연대나 공대 대학원 실험실에서 "우리는 여학생 안 받아."라는 말을 공공연하게 했습니다. 또 2005년에는 미국 하버드대학교 총장 로렌스 서머스가 공개 석상에서 "여성은 과학기술에 맞지 않는다."라는 발언을 하기도 했습니다.

물론 이 발언이 논란이 되어 서머스는 총장직에서 물러나게 되었지요. 그리고 지금은 한국의 대학원에서도 드러내 놓고 여학생은 안 받겠다느니 하는 말을 하지 못합니다. 그러나 이러한 변화는 저절로 이루어진 것이 아닙니다. 그동안 수많은 여성들이 반대 의견을 제시하고, 항의를 하고, 논쟁을 해서 얻어 낸 결과입니다. 여러분이 과학이라는 말을 듣고 혹시 인상을 찌푸렸다면, 그것은 과학의 실제 활동이 여성들에게 호의적이지 않았기 때문일 것입니다. 그래서 과학 활동이 친숙하게 다가오지 않는 것이지요.

여성에게 과학은?

과학이 여성에게 호의적이지 않다고 해서 여성도 "그래, 나도 너랑 안 놀아."라고 할 수는 없습니다. 일단 현실적으로 과학과 관련된 직업이 굉장히 많은 데다, 점점 더 늘어나는 추세입니다. 또 과학 분야는 다른 분야에 비해 남녀의 임금 차이가 적습니다. 그렇기 때문에 호의적이지 않다고 해서 그냥 포기하면 우리만 손해인 것이지요. 또 과학기술은 여러분이 생각하는 것보다 훨씬 더 여러분 가까이에 있습니다. 오늘날은 컴퓨터와 모바일 기기의 결합으로 과거에는 생각하지 못했던 경제적 활동, 예를 들어 휴대폰의 애플리케이션 개발과 판매가 가능한 시대입니다. 과학기술과 친숙해지고, 그것을 잘 활용하는 것이 여러분의 성과 노동을 착취하려고 하는 몹쓸 어른들에게 휘둘리지 않고 자신을 지킬 수 있는 방편이 될 수 있습니다. 휴대폰 애플리케이션뿐만 아니라 여러분에게 도움이 되는 분야는 앞으로 훨씬 더 다양해질 것입니다.

그리고 무엇보다 중요한, 여러분이 과학을 멀리하면 안 되는 이유는 과학이 객관적 진실의 가장 대표적인 주자이기 때문입니다. 여성에게 호의적이지 않은 문화 안에서 연구된 여성에 대한 편견이 '진리'라는 이름으로 우리를 좌절시킬 수도 있기 때문입니다. 그러니까 우리 여성들은 긴장의 끈을 놓치지 말고 끊임없이 아닌 것은 아니라고 말해야 합니다.

우리 몸에서 일어나는 현상에 대한 과학적 설명을 예로 들어 볼까요? 바로 월경에 대한 것인데요. 과학 시간이나 보건 시간에 우리는 여성의 내부 생식기 그림을 보면서 임신에 대한 설명을 먼저 듣고, 그다음에 '임신이 실패하면 월경'이라는 설명을 듣습니다. 그런데 남성의 몸에서 일어나는 몽정에 대해서는 '임신에 쓰일 소중한 물질이 덧없이 버려짐'이라는 설명은 한 번도 들어 보지 못했을 거예요. 여성은 대략 50대 중반까지 월경을 하게 되는데, 이런 설명을 그대로 받아들인다면 여성은 평생 '실패'를 반복한다

과학자 명예의 전당

알버트 아인슈타인
1879 ~ 1955

아이작 뉴턴
1642 ~ 1727

토마스 에디슨
1847 ~ 1931

갈릴레오 갈릴레이
1564 ~ 1642

퀴리 '부인'

여성과학자

유색인종 과학자

유색인종 여성 과학자

는 이야기가 되겠지요. 미국의 인류학자 에밀리 마틴은 '의학 교과서에는 여성의 몸과 그 기능에 대해 긍정적 표현보다 부정적 표현이 훨씬 더 많다'고 지적했습니다. 과학 지식에 우리 사회의 남녀 간 권력관계가 그대로 반영되어 있다는 것이지요.

그렇다면 월경에 대한 새로운 설명은 어떻게 가능할까요? 우선 임신이 아니라 월경을 먼저 말해야 합니다. 여성의 자궁은 규칙적으로 그 내부의 막이 두터워졌다가 흘러내리고, 또 새롭게 형성하는 일을 반복하는데 이렇게 두터워졌던 내막이 몸 밖으로 나오는 것이 월경입니다. 자궁의 내부가 두터워지는 시기에 난소는 난자를 배란하고, 이때 성관계를 하게 되면 정자와 난자가 수정이 되고, 착상이 되고, 임신이 됩니다. 이런 설명에서는 월경이 일상적인 일이 되고, 임신이 예외적인 일이 됩니다.

또 우리 몸의 자궁은 임신을 위해서만 있는 기관이 아닙니다. 자궁의 내막이 두꺼워지는 것(그리고 그 결과로 뒤따르는 월경)도 임신을 위해서만 생기는 현상이 아닙니다. 여러분은 때로 월경을 귀찮다고 느끼기도 하지요? 그러나 우리가 규칙적으로 월경을 하기 때문에, 이를 통해 간접적으로 몸의 이상을 빠르게 감지할 수 있습니다. 극도로 스트레스를 받으면 대체로 먼저 나타나는 현상이 월경불순이라는 데서 알 수 있는 것처럼요. 또한 월경을 일상적인 일로, 당연한 것으로 받아들이면 월경에 대해 말하는 것을 꺼리는 사회 분위기도 바꿀 수 있습니다.

과학에게 여성은?

과학이 여성을 더 호의적으로 받아들이면 다양성이 증가하여 훨씬 풍요로운 결과를 만들 수 있습니다. 과학이 여성의 의견과 실천을 포용하게 되면, 기존의 좁은 틀을 넘어 새롭게 상상력의 지평을 넓힐 수 있습니다. 예를 들어 우리나라의 공동주택은 '이렇게까지 편리할 수 있을까' 싶게 놀라운 발전을 했습니다. 그런데 아파트 건축에서 지금과 같이 편리한 시스템을 도입하게 된 결정적 계기는 사용자로서의 여성의 의견이 설계 단계부터 반영되었기 때문입니다. 한 건설 회사가 이런 과정을 거쳐 혁신적으로 아파트를 만들었고, 소비자들로부터 큰 호응을 얻으면서 살기 편한 주거 공간이 만들어지게 된 것입니다.

또 다른 예를 들어 볼까요? 볼보자동차의 '당신의 콘셉트카(YCC)'는 여성 엔지니어들만으로 팀을 꾸려서 '여성 고객을 위한 자동차'를 만들기 위한 프로젝트였습니다. 출발점은 '여성의 기대를 충족시키면 남성

의 기대는 넉넉히 충족된다.'라는 생각이었습니다. 여기서 '여성의 기대'란 '여성은 핑크 색을 좋아하고, 아기를 데리고 다니거나, 임산부일 것이다.'와 같은 천편일률적인 것이 아니었습니다. 여성 엔지니어들은 자신들처럼 실제로 운전을 하는 여성의 요구를 정확하게 포착했습니다. 여성 고객의 요구는 '쉽게 다룰 수 있게 조작이 편리할 것, 내부 수납 공간이 충분할 것, 자동차를 타고 내릴 때 좀 더 유연한 동작이 가능하도록 할 것, 쉽게 주차할 수 있을 것' 등이었습니다. 이는 실은 남성들의 기대치를 충족시킬 수 있는 요구이기도 한 것이지요.

여성 과학자가 과학 지식 탐구의 방식을 완전히 바꾸어 놓은 예도 있습니다. 제인 구달, 다이앤 포시, 비루테 갈디카스는 침팬지, 고릴라, 오랑우탄 같은 동물, 즉 영장류(靈長類) 분야의 여성 연구자입니다. 이들이 등장하여 일대 변화를 이루기 전까지 영장류학 분야는 '여성에게 맞지 않는 분야'라는 편견이 지배적이었습니다. 영장류 연구를 할 때는 야외에 나가 관찰을 해야 하는데, 들판과 구릉지대에 텐트를 치고 한뎃잠을 자는 것을 여성이 할 수 없다는 이유 때문이었지요.

이들은 남성들이 며칠, 끽해야 몇 주 동안 진행하던 야외 관찰을 몇 년씩 진행했습니다. 그전까지 영장류학의 주된 연구 방법은 실험실에서 영장류를 우리에 가두어 놓고 실험을 하는 것이었

고, 야외 관찰은 보조적인 수단이었습니다. 그러나 이 세 명의 연구자는 실험은 하지 않고 현장에서 관찰만 했습니다. 아예 영장류 곁에서 살면서 현장 연구를 했던 것이지요. 영장류에게 다가가고, 영장류가 자신들을 받아들이는 데에만 거의 1년이라는 시간을 들였습니다. 또 영장류에게 번호만 붙였던 기존의 관행에서 벗어나 각각에 이름을 붙여 주고, 그들을 존중했습니다. 영장류에 대해 이런 태도를 가졌기 때문에 그들을 대상으로 실험을 한다는 것은 말이 안 되는 일이었지요. 다이앤 포시는 영장류를 포획하여 팔아넘기는 사냥꾼에 맞서 총을 들고 싸우다가 안타깝게도 의문의 살해를 당하기도 했습니다.

수년에 걸친 이들의 연구 결과는 놀라운 것이었습니다. 이제는 어느 누구도 영장류학을 '여성에게 맞지 않는 분야'라고 말하지 않습니다. 또한 주된 연구 방법론을 현장 참여 연구로 삼고 있습니다.

질문 바꾸기

스탠퍼드대학교 과학역사학 교수인 론다 쉬빈저는 "과학의 역사에서 왜 여성 과학자는 적은가?"라는 질문을 "왜 우리가 아는 여성 과학자는 적은가?"로 바꾸어야 한다고 말합니다. 과학의 역사 서술 또한 사회의 지배적 통념을 반영할 수밖에 없기 때문에 지금까지 과학의 역사에서 무수한 여성들의 과학 활동이 잘 보이지 않았다는 것입니다.

질문을 바꾸기 위해서는 새로운 관점이 필요합니다. 제인 구달은 침팬지도 도구를 사용한다는 것을 밝혀서 인간만이 도구를 사용한다는 명제를 반박하기도 했습니다. 침팬지는 개미를 잡기 위해 가느다란 나뭇가지를 개미들이 다니는 나뭇등걸의 구멍에 넣어 놓고 잠시 기다렸다가 그 나뭇가지에 개미들이 달라붙으면 꺼내어 핥아 먹는다고 합니다. 제인 구달이 관찰한 침팬지는 암컷 침팬지였습니다. 이전까지 암컷 침팬지에 대한 연구는 수컷 침팬지의 성적인 공격을 받거나 새끼를 키우는 모습에만 한정되어 있었는데, 제인 구달은 암컷 침팬지에 대한 '질문 바꾸기'를 한 것입니다. 그리고 '질문 바꾸기'를 통해 영장류 연구에도 깔려 있던 암컷(여성)에 대한 고정관념을 깨뜨린 것입니다.

자, 여러분은 어떤 새로운 관점으로 질문을 바꿔 보겠습니까? 여러분의 발랄한 '질문 바꾸기'가 유독 여성에게만 높은 과학의 장벽을 조금씩 허물고, 새로운 과학 이야기를 만들어 낼 수 있으리라 기대해 봅니다.

고릴라를 위해 총을 든 과학자

영화 <정글 속의 고릴라>

영화 〈정글 속의 고릴라〉는 본문에서 말한 세 명의 여성 영장류학자들 중 고릴라를 연구했던 다이앤 포시의 이야기입니다. 이 영화를 보면 그녀의 연구에 대한 열정, 그리고 연구 대상인 고릴라에 대한 사랑, 현대 과학에서는 불가능했던 그 꿈을 이루고자 그야말로 모험으로 점철된 삶을 살았던 모습을 볼 수 있습니다.

다이앤이 고릴라를 연구하던 당시는 마구잡이 포획으로 고릴라 개체 수가 급격히 감소하고 있었어요. 동물원에 팔기 위해, 또는 유럽에서 재떨이로 인기가 있던 고릴라 손을 잘라 가기 위해 당국의 묵인 하에 밀렵꾼들에 의해 살육되기 일쑤였지요. 다이앤은 그러한 상황에 눈을 감거나 체념하지 않고, 싸우기 위해 총을 들었어요. 영화 말미에, 밀렵꾼에 의해 고릴라가 무참히 살해된 후

〈정글 속의 고릴라〉 | 마이클 앱티드 감독
| 1988

일상을 이어가는 남은 가족과 그 옆에서 슬픔을 나누는 다이앤의 모습이 그려집니다. 그 뒤로 흐르는 첼로의 선율은 우리의 〈아리랑〉과 무척이나 닮아 있어 다이앤의 아픔이 우리에게도 고스란히 전해집니다.

이 영화는 다이앤이 직접 쓴 책『안개 속의 고릴라(Gorillas in the Mist)』의 내용을 충실히 담아 동일한 제목으로 만들었는데요, 우리나라에 소개될 때는 제목이 약간 바뀌었어요. 유튜브에 원래 제목을 검색하면 원작 영화뿐만 아니라 관련 다큐멘터리를 통해 다이앤의 실제 모습도 볼 수 있어요. 더 자세한 이야기가 궁금하다면『유인원과의 산책』(사이 몽고메리 지음, 김홍옥 옮김, 르네상스)을 읽는 것을 추천합니다.

11. 환경

행복하자 우리,
아프지 말고

: 장이정수 :

바퀴벌레가 가장 무섭고 햄을 좋아했던 도시 출신. 서른 중반에 여성환경연대
를 알게 되어 인생의 전환점을 맞았고, 지금은 그 단체의 대표를 맡고 있다. 요
즘은 일상의 변화를 만드는 동네페미니즘에 관심이 많아 에코와 페미니즘의
만남을 주로 고민하고 있다. 청소년 카페 '면목동 친구네'를 운영하면서 동네에
서 여성들과 수다 떠는 것을 직업으로 하고 있다. 지은 책으로 『모이고 떠들고
꿈꾸다』(풀뿌리자치연구소 이음 공저), 『덜 소비하고 더 존재하라』(여성환경
연대 공저) 가 있다.

샥스핀, 판도라, 가습기

여러분은 '환경' 하면 무엇이 떠오르나요? 물빛이 녹색으로 변해서 "녹차 라떼 대신 녹조 라떼냐."라는 비웃음을 받은 4대강이 떠오르나요? 아니면 지구온난화로 먹이를 구하지 못한 채 얼음 위에 떠 있는 가여운 북극곰이 떠오르나요?

2016년 여름, 청와대에서 샥스핀(상어 지느러미 요리)을 먹었다고 해서 논란이 되었었지요. 샥스핀을 먹는 행위는 전 세계적으로 비난의 대상이 되고 있습니다. 상어를 잡아 지느러미만 떼어 내고 몸통을 그냥 바다에 버리는데, 지느러미가 없는 상어는 헤엄을 치지 못하기 때문에 고통스럽게 죽어 간다고 합니다. 상어가 멸종

위기에 처해 있는 데다가 지느러미만 떼어 내는 어업 방식이 너무나 잔인하여 미국에서는 샥스핀 요리가 금지되었고, 이 요리를 처음 만든 중국에서조차 공식 석상에 샥스핀 요리가 오르는 것을 금지하고 있습니다. 그런데 청와대 오찬에 이 요리가 나왔으니 비난을 받은 것이지요.

경주에서는 지난 2016년 9월 12일에 진도 5.8의 지진이 일어났고, 일주일 뒤에 진도 4.5의 여진이 발생했습니다. 경주와 부산 주변은 원자력 발전소가 밀집되어 있는 곳이어서 주민들의 불안은 이루 말할 수가 없었지요. 영화 〈판도라〉는 지진으로 인한 원자력 발전소 폭발 사고를 소재로 하고 있는데, 방사능 유출의 공포가 극에 달하고, 2차 폭발의 위험 앞에 한반도 전체가 혼란에 빠지는 모습을 생생하게 보여 줍니다. 원자력 발전소 사고는 이런 재난 영화에서나 나오는 일에 불과할까요? 절대적으로 안전하다고 믿었던 일본에서 불과 5년 전에 일어난 후쿠시마 원전 폭발 사고를 우리는 기억하고 있습니다.

우리도 모르게 생활 속에 깊이 들어와 있는 환경 문제도 많습니다. 1997년 최초로 가습기 살균제가 출시된 이후, 가습기 살균제로 인한 폐 손상이 원인으로 추정되는 잇단 사망 사건이 2011년부터 본격적으로 알려지기 시작했지요. 또 살아남은 사람 중에는 평생 호흡기를 달고 살아야 하는 사람들도 많습니다. 사랑하는 가족을 잃은 사람들의 상처는 또 얼마나 깊을까요? 수만 종의 화학물질이 생활에 편리하다는 이유로 일상에서 흔히 사용되고 있지만, 이에 대한 관리와 감독은 턱없이 허술한 것이 현실입니다.

여성의 눈으로 다시 보기

1988년, 서울 중랑구 상봉동 연탄 공장 주변에 살고 있는 여성에게 진폐증이 발생했습니다. 진폐증은 탄광의 노동자들에게서 발견되는 병으로 알려져 있었는데, 광산 근처에도 가 본 적 없는 여성이 이 병에 걸린 것이지요. 1990년에는 골프장 캐디로 일했던 여성의 기형아 출산이 사회적 문제가 되었습니다. 골프장의 잔디에 뿌리는 엄청난 양의 농약 때문이었습니다. 1991년에는 경북 구미의 두산전자 공장에서 파열된 파이프를 통해 페놀 원액이 낙동강으로 흘러들어 간 사건이 발생했습니다. 페놀은 독성을 지닌 발암물질입니다. 페놀이 섞인 수돗물을 마신 임산부들이 유산 및 사산하거나 기형아 출산을 우려해 인공유산을 하는 등 회복하기 힘든 상처를 입었습니다.

이러한 환경 문제의 피해자는 대부분 여성과 아이들입니다. 가습기 살균제 사건에서도 어린아이와 임신부가 가장 많은 피해를 입었습니다. 유방암이나 성조숙증, 아토피 피부염과 같은 환경성 질환의 피해자의 상당수 역시 여성과 아이들입니다. 지구온난화로 인한 태풍으로 아이들과 노약자를 돌봐야 하는 여성들이 가장 많이 희생됩니다. 환경 문제가 정의의 문제이고, 젠더의 문제이기도 한 이유가 바로 여기에 있습니다.

우리 사회는 환경 문제에 대한 책임을 여성에게 지우고 있습니다. 예를 들어, 쓰레기 분리수거를 처음 시작했을 때 가사 노동의 대부분을 여성이 한다는 사실에 대한 정책적 고려는 없었습니다. 쓰레기를 많이 발생시키는 사회구조를 재정비하기보다, 쓰레기 분리수거라는 노동을 가정에 가중시키는 방식으로 문제를 해결하려고 한 것이지요.

아껴 쓰고, 나눠 쓰고, 바꿔 쓰고, 다시 쓰자는 '아나바다 운동' 역시 유한한 자원을 절약해서 쓰자는 좋은 취지의 운동입니다. 하지만 가정 내에서 옷이나 살림살이를 장만하고 관리하는 역할이 여성의 몫으로 남아 있기 때문에 환경 보존의 책임을 여성에게 떠넘기는 것과 마찬가지입니다.

에너지 절약은 또 어떤가요? 예전부터 정부에서는 에너지 절약 실천 방안으로 전등갓의 먼지 닦기, 한 등 끄기, 전원 플러그 뽑기 등을 권장해 왔습니다. 이런 일들은 모두 여성의 몫이 됩니다. 2016년 여름, 전기 누진세 제도를 가정용 전기 요금에만 적용하여 논란이 되었습니다. 가정을 에너지 낭비의 주범으로 보고 있기 때문에 이런 정책이 나온 것입니다. 기업들의 과대 포장이나 과대 광고, 에너지 과소비는 경제를 살려야 한다는 이유로 아무런 제지도 하지 않으면서 말이에요. 에너지 문제는 친환경 재생 에너지로의 전환, 건축 초기의 친환경 설계, 기업의 에너지 관련 설비 투자 등 구조적·정책적 노력이 훨씬 더 중요합니다. 그런데도 여전히 가정, 특히 여성에게 그 책임을 떠넘기고 있는 상황입니다.

에코페미니즘 운동

여러분은 '에코페미니즘'이라는 말을 들어 보았나요? 앞에서 살펴본 것처럼 환경 문제는 여성 문제와 깊이 연결되어 있습니다. 생태적 사고와 페미니즘이 만나 만들어진 에코페미니즘은 자연에 대한 인간의 태도가 여성에 대한 태도와 같다는 인식에서 출발합니다. 자연에 대한 착취와 여성에 대한 차별이 동시에 해결되어야 한다는 생각이지요. 근대의 자본주의는 자연을 인간을 위해 사용되고 버려지는 도구로 생각하고, 여성 역시 부차적인 '제2의 성'으로 취급했습니다. 자연에 대한 착취가 멈추지 않는 세상에서는 여성에 대한 차별도 멈추지 않는다는 것이 에코페미니즘의 이론입니다.

에코페미니즘은 끝없는 개발과 성장, 더 많은 부의 추구에 동의하지 않습니다. 여성이나 제3세계를 착취하지 않는 성장이란 불가능하기 때문입니다. 자연의 한계 안에서 지속가능한 삶, 자급이 가능한 삶을 지향해야 한다는 입장이지요.

최근에는 도시에서 생태적으로 살고자 하는 젊은 에코페미니스트가 점점 늘어나고 있어요. 평등하고 생태적인 삶을 꿈꾸는 것이지요. 그러면 한국의 에코페미니스트들은 어떤 활동을 하고 있을까요?

첫째는 여성 몸의 자연성을 되찾자는 운동입니다. 환경오염의 심각성을 알릴 때 흔히 남자의 정자 수가 감소하고, 기형아 출산이 늘고 있다는 점을 이야기합니다. 사실은 여성들이 입는 피해가 더 큽니다. 환경호르몬은 인체에서 여성호르몬과 동일한 작용을 하여 유방암이나 자궁 관련 질환을 증가시키고 성조숙증을 유발한다고 알려져 있어요. 우리나라 여성들의 유방암 증가율은 세계 1위인데 절반 정도가 환경 관련 원인으로 추측됩니다.

또 여성은 야간 노동과 서비스업 등 노동 조건에서 많은 스트레스를 받고 있습니다. 집 안이나 집 밖의 식당에서 일할 때 주로 조리를 담당하기 때문에 미세 먼지에 더욱 많이 노출되지요. 또 밭농사를 주로 하는 여성 농민이 남성 농민보다 농약에 더 많이 노출된다고 합니다.

게다가 여성은 수십 가지의 화학물질이 들어 있는 화장품을 평생 사용하고, 500회가 넘는 생리 기간 동안 일회용 생리대를 착용합니다. 여성의 건강보다는 외모를 더 중요하게 생각하는 문화, 월경을 부끄럽게 여기는 문화가 여성들의 건강을 위협하고 있습니다. 그래서 에코페미니스트들은 새로운 문화를 만들기 위한 노력을 하고 있습니다. 누군가에게 보여 주기 위해 교정하거나 치장하는 것이 아니라 편안하게 깃들어 살 수 있도록 우리의 몸을 되돌리고자 하는 것이지요. 더불어 일상생활에 파고든 화학물질에 대해 정부와 기업의 책임 있는 관리와 규제를 요구하는 운동도 하고 있습니다.

둘째는 '토종 씨앗 지키기'와 'Non GMO(유전자 조작 없는 식품)', '도시 텃밭' 등 우리의 식량을 지키기 위한 운동입니다. 여성농민회에서는 '언니네텃밭'을 통해 도시 소비자에게 텃밭 작물을 보내 주고, 토종 씨앗을 찾아서 지키는 일을 하고 있습니다. 또 가배울이라는 단체에서는 전남 강진의 토종 씨앗을 지키고 이어 가기 위해 노력하고 있어요. 도시 농부와 수공업자, 요리사들이 만드는 '마르쉐@'는 매달 대학로와 명동성당에서 도시형 농부 시장을 열어 도시와 농촌을 잇는 생명의 씨앗과 맛을 소개하면서 즐겁게 소통하는 문화를 만들고 있지요.

지금 우리의 식탁은 중국이나 미국 콩으로 만든 된장, 호주 돼지고기, 칠레 오징어, 영국 자반고등어, 모리타니아 문어, 뉴질랜드 단호박 등으로 가득 차 있습니다. 우리나라는 쌀을 제외하고 식량 자급률이 채 25%가 되지 않습니다. 수입 농산물이 들어오면 당장은 싼 가격에 손쉽게 사 먹을 수 있겠지요. 하지만 우리 농업이 경쟁력을 잃고 농사를 다 포기하면, 결국 다국적 식량 기업이 우리의 농업을 손에 쥐고 가격을 마음대로 조정할 수도 있습니다. 또 한국은 세계 최대의 GMO(유전자조작 식품) 수입국입니다. 2015년에 1인당 42킬로그램의 GMO 콩과 옥수수를 먹었다고 합니다. 연간 쌀 소비량은 63킬로그램인데 말이지요.

수십 년간 외국의 원조를 받았던 아프리카의 나라들이 원조에 의존하다가 자국 내 산업이 다 무너지고 점점 더 빈곤이 심해지는 모습을 보면, 식량을 지키는 것은 가장 중요한 자급의 정치입니다. 자기 땅에서 난 씨앗과 식량, 생태적 다양성을 지키는 것은 다국적기업에 맞선 제3세계 여성들의 끈질긴 운동이 되고 있습니다. 여성들은 GMO 식품을 먹지 않는 소비자 운동에서 나아가, GMO 식품의 수입을 거부하고 식량 주권을 지키라는 정치적 운동을 하고 있습니다.

셋째는 우리가 쓰는 에너지에 대한 생각을 바꾸는 운동입니다. "전기는 눈물을 타고 흐른다."라는 말을 들어 본 적 있나요? 전기는 '경남 밀양 송전탑 사건'에서 알 수 있듯이, 가장 힘없는 농촌의 희생을 통해 만들어지고 있습니다. '송전탑을 따라가니 그곳에 원자력 발전소가 있었다'고 밀양 할머니들은 말씀하셨지요. 밀양 할머니들은 우리 사회에서 가장 무시당하는 존재인 시골 할머니들이 어떻게 국가에 당당히 맞설 수 있는지를 우리에게 보여 주었습니다. 할머니들은 원자력 정책이 잘못되었다고 호통치면서도 경찰들에게 "느그들 밥 먹었나?"라며 걱정하시고, 송전탑을 뽑을 때까지 싸우겠다며 다시 농사를 짓고 계십니다. 싸움에서는 졌지만, 좌절하지 않고 다시 일어서는 삶의 힘을 모두에게 가르쳐 주었습니다.

아직 인류는 원자력 발전소의 폐기물을 안전하게 처리할 방법을 찾지 못했습니다. 체르노빌이나 후쿠시마가 보여 준 것처럼 원자력 발전은 인류가 감당할 수 없는 재앙으로 이어지기도 합니다. 경주에서 발생한 지진은 우리나라도 안전한 곳이 아니라는 사실을 말해 주지요. 그래서 많은 여성들은 노후한 원자력 발전소 가동을 중지하고 재생 에너지를 개발하는 정책을 요구하고 있습니다. 여성들에게만 에너지 절약을 강요할 것이 아니라 국가 차원에서 지속가능한 에너지를 어떻게 만들고 확대할 것인가를 요구하고 있는 것입니다.

넷째는 일상의 소비를 바꾸는 운동입니다. 도시는 온갖 일회용 컵과 플라스틱이 넘쳐 납니다. 인도 농민이 재배한 목화로 베트남이나 인도네시아에서 옷을 생산하여 전 세계에 값싸게 공급하는 일회용 패스트 패션이 일상화되고 있습니다. 천원숍에서는 모든 물건이 값싸고 그만큼 물건이 흔합니다. 모든 물건은 자연의 일부를 훼손하고, 누군가의 노동으로 만들어지며 택배 노동자에 의해 집까지 배달됩니다. 택배 노동자는 점심을 컵라면으로 때우

며 하루 10시간 넘게 일한다고 하지요.

소비에 의존하지 않고 우리 모두에게 인간적인 삶이 보장될 수는 없는 걸까요? 정말 그 많은 물건이 우리의 삶에 꼭 필요하고, 우리 삶을 행복하게 해 주는 것일까요? 우리가 자꾸 무언가를 사야 행복하다는 것은 어쩌면 자본이 원하는 삶의 방식이 아닐까요? 공허한 마음을 쇼핑으로 채우는 것은 우리가 삶의 문제를 해결할 길에서 멀어졌기 때문이 아닐까요?

우리에게 진정 필요한 것들은 돈으로 살 수 없습니다. 친구들이나 가족과 더 많이 만나고, 더 많이 자신의 몸을 쓰고, 더 많이 놀고 행복하자는 운동에 동참해 보세요. 일회용 생리대의 문제점을 지적해서 면생리대를 사용하자고 했던 '피자매연대', 방사능으로부터 아이들을 지키기 위해 행동하는 '차일드 세이브', 지렁이 화분을 매개로 이웃을 만나는 '좋은 세상을 만드는 사람들', 도시 곳곳에 텃밭을 만들고 있는 '초록상상'과 '더초록' 등 대안적인 삶을 위해 노력하는 작은 커뮤니티들이 점점 늘어나고 있어요. 유럽에서는 100명이 참여하는 커뮤니티가 있으면 아무것도 사지 않고 물물교환만으로도 생활이 가능하다는 운동을 하는 그룹도 있다고 해요.

마지막으로 아주 근본적인 것으로, 석유 문명에 바탕을 둔 우리의 소비적 삶이 '돌봄'과 '생명'의 삶으로 바뀌어야 한다는 운동입니다. 우리는 끝없이 GDP(국내총생산)가 성장해야 하는 사회에 살고 있어요. 계속 성장하기 위해서는 물건을 끊임없이 만들고 소비해야 합니다. 더 많이 일해야 하고, 더 많이 경쟁해야 하고, 더 많은 자연을 파헤치고, 더 많은 폐기물을 만들어야 합니다. 성장을 말하면서 끊임없이 전쟁을 일으키는 남성들에 맞서 여성들이 생명과 돌봄을 이야기하고 있어요. 에코페미니즘은 자급이 가능한 작은 공동체를 중심으로 사회를 바꾸어야 한다고 말합니다. 자연의 한계 속에서 소박하게 사는 삶, 아무것도 버리지 않고 누구도 버리지 않는 삶, 인간적인 유대와 생명력이 넘치는 삶을 꿈꾸고 있습니다.

우리가 서로 연결되어 있다는 것

많은 가족이 맞벌이와 육아에 지쳐 식사의 절반을 외식이나 배달 음식에 의존한다고 합니다.

관계를 맺고 책임을 진다는 것은 엄청 피곤한 일입니다. 하물며 아이를 낳고 기르는 일의 고단함이란 이루 말할 수가 없지요. 지금까지 여성에게만 책임을 지우던 살림과 육아가 모두의 것이 되는 '돌봄의 민주주의'가 이루어지지 않으면 가족은 더 이상 유지되지 않을 거예요. 민주주의는 환경을 지키고 보호하는 데에도 절대적인 요소입니다. 사회적 약자에게 책임을 전가하는 것이 아니라 모두가 환경에 대해 책임을 지는 사회 시스템을 마련해야 합니다.

그러기 위해서는 우리가 꿈꾸는 사회에 대해 더 많이 이야기해야 합니다. 텃밭을 가꾸고, 직접 가꾼 채소로 요리를 하고, 바느질을 하고, 책을 읽고 대화를 나누면서 삶의 힘을 키웠으면 해요. 우리가 오늘 사용한 화장품은 누가 만들어서 우리에게 왔는지, 우리가 입은 옷은 누구의 손을 거친 것인지, 우리가 먹는 밥상은 누구의 수고가 담긴 것인지 관심을 가져야겠지요. 소비와 경쟁을 멈추고 우리 자신의 삶을 돌볼 때 변화는 시작될 것입니다.

자연은 우리가 서로 연결되어 있음을 끊임없이 알려 줍니다. 빗물은 숲에 내려 나무와 생물들을 살리고, 그 물을 깨끗하게 정화시켜 냇물로 보내고, 냇가의 생물들을 기른 후에 바다로 흐릅니다. 거기에 깃들어 사는 우리의 몸도 지구와 똑같이 70%가 물이라고 해요. 우리가 흘리는 눈물과 핏물도 지구의 일부랍니다. 누군가가 굶주리거나 고통받거나 폭력을 당할 때 우리의 마음이 아픈 것처럼 우리가 자연과 함께 서로 연결되어 있다는 것을 잊지 않았으면 해요.

자유롭고, 용감하고, 당당하게

애니메이션 <바람계곡의 나우시카>

<바람계곡의 나우시카>는 핵전쟁을 상징하는 '불의 7일' 전쟁으로 인류가 멸망하고 몇몇 부족만이 살아남게 된, 황폐해진 대지와 썩은 바다로 뒤덮인 1,000년 후의 지구를 배경으로 하고 있습니다. 이제 지구상에 남은 건 독기를 내뿜어 곰팡이 숲을 만드는 '부해'와 여기에 서식하는 곤충 '오무', 그리고 극소수의 인간들뿐입니다. 주인공인 나우시카는 자연과 교감하는 능력을 가진 바람계곡의 공주입니다.

나우시카는 '불의 7일' 전쟁에서 지구를 불태웠던 '거신병'을 차지하려는 두 나라의 전쟁에서 아버지를 잃고, 부해의 밑바닥에 떨어지게 됩니다. 그곳에서 부해가 오염된 지구를 정화시켜 흙과 물을 깨끗이 만들고 있고, 오무는 이런 부해를 보호하고 있다는

〈바람계곡의 나우시카〉 | 미야자키 하야오 감독
| 1984

사실을 알게 되지요.

핵으로 인한 인류의 멸망, 환경 파괴, 자연을 정복하고 없애려는 인간의 욕망과 공포가 한편이라면, 나우시카는 곤충과 교감하고 자연의 편에 섭니다. 오무에 대한 공격을 막고 오무의 분노를 가라앉히기 위해 자신을 내어 놓는 것이지요. 나우시카는 그들과 함께 살아야 한다는 사실을 본능적으로 알고 있었던 것 같아요.

이 작품에서 나우시카는 여성성을 새롭게 보여 줍니다. 여성의 강함과 따뜻함, 지혜로움과 용기가 돋보였지요. 어쩌면 자연과 교감한다는 것은 그렇게 자연을 닮아 가는 것 아닐까요. 우리 사회에도 나우시카처럼 용감하고 자유롭고 당당한 소녀들이 많아졌으면 합니다.

혼자 고민하지 말아요

성차별을 받거나 성추행을 당하는 등 문제가 생겼을 때, 가정폭력이 일어났을 때, 성 정체성에 의문이 생길 때, 월급을 받지 못하는 등 노동 현장에서 어려움을 겪을 때는 혼자 고민하지 마세요. 가능하면 전문가의 도움을 받는 것이 좋습니다. 여러분에게 도움을 줄 수 있는 곳을 소개합니다.

성폭력 · 데이트폭력 상담

한국성폭력상담소 (http://www.sisters.or.kr)	02-338-5801	월~금, 10~5시
한국여성민우회 성폭력상담소 (http://womenlink.or.kr)	02-335-1858	월~금, 9:30~6시

성폭력 · 가정폭력 상담

해바라기센터 (www.help0365.or.kr)	02-735-7510	365일 24시간
여성긴급상담전화 (www.seoul1366.or.kr)	1366	365일 24시간

성 정체성 상담

청소년성소수자위기지원센터 띵동 (http://ddingdong.kr)	02-924-1227	화~토, 11~21시
한국레즈비언상담소 (http://www.lsangdam.org)	02-718-3542	
한국게이인권운동단체 친구사이 (https://chingusai.net)	1577-0199	02-745-7942
트랜스로드맵 (http://transroadmap.net)		

노동 상담

청소년노동인권네트워크 (m.cafe.daum.net/nodongzzang)		
청년유니온 (http://youthunion.kr)	02-735-0262	
한국여성민우회 고용평등상담실 (http://www.womenlink.or.kr)	02-706-5050	월~금, 9:30~6시